融合媒体
内容创新与实务

岑赤民　著

WUHAN UNIVERSITY PRESS
武汉大学出版社

图书在版编目(CIP)数据

融合媒体内容创新与实务/岑赤民著.—武汉：武汉大学出版社，
2024.7(2024.12重印)
ISBN 978-7-307-24362-0

Ⅰ.融… Ⅱ.岑… Ⅲ.传播媒介—研究 Ⅳ.G206.2

中国国家版本馆 CIP 数据核字(2024)第 075540 号

责任编辑：徐胡乡 责任校对：汪欣怡 版式设计：马 佳

出版发行：**武汉大学出版社** （430072 武昌 珞珈山）
（电子邮箱：cbs22@whu.edu.cn 网址：www.wdp.com.cn）
印刷：湖北云景数字印刷有限公司
开本：720×1000 1/16 印张：17 字数：218千字 插页：1
版次：2024年7月第1版 2024年12月第2次印刷
ISBN 978-7-307-24362-0 定价：69.00元

前言

是时候迈出"六亲不认"的步伐了

"守正创新"，常常脱口而出，如何做到，往往一头雾水。

这是笔者第一次出书。

此书截稿时，在武汉传媒学院从教三年学徒期刚满。

虽然走上三尺讲台已三年，在"前媒体人"和"高校教师"这两个标签中选择的话，我依然还会用"前媒体人"来介绍自己。

因为大学毕业后三十年，我主要就从事媒体工作这一件事，从教这三年从体量来说，跟"三十年"无法比。

作为一个前媒体人，得承认的是，写书之于我有点赶鸭子上架，一是在传统媒体干了那么多年，没什么成绩拿得出手，心挺虚；二是从教三年，跟那些在教师岗位上耕耘了 N 年的老师相比，谈不上有什么系统深入的研究或经验之谈。

所幸的是，我没有被困难打倒，更没有被困难定义。

不能说这本书不是心血之作，因为，写这本书的时间成本是实打实的。

时间成本涵盖"近三十年的媒体从业经历""两年的广告咨询公司经历"和"三年的三尺讲台'毒打'"，然后就是，近半年睁开眼就开始爬格子的时光。

这本书的背景和内容可用三句比较形象的话来概括，分别是"三十几年就没怎么读过书""讲人话有那么难?!"和"是时候迈出'六亲不认'的步伐了"。

1. "三十几年就没怎么读过书"

动笔写这本《融合媒体内容创新与实务》时,先老实交代一句话。

这是一句对自己的戏谑:"自从大学毕业后三十几年就没怎么读过书。"补充一下,这里指的是没读过什么专业理论书。

因此,这本《融合媒体内容创新与实务》大多为实践得来的点滴和一些碎片化的思考。同时,这本书中有很多"提问",也是基于"提出正确的问题,有时等于解决了问题的大半"这一理念,不是还有句"有时,往往提问比答案重要"吗?

于是,这本《融合媒体内容创新与实务》的写作,遵循的就是扬长避短和有所为有所不为,更接近于"心得体会",如此界定,既是一种无奈,也是一种退而求其次的保全。

然而,由于花了时间,也倾注了热情,对自己的"心得体会"也有些许自信。

一是,毕竟有过近三十年的媒体从业经历,也曾在新媒体前线被碰得头破血流。

这些经历谈不上一定宝贵,但不至于一夜归零。

二是,三年的三尺讲台"毒打"。

为不被学生轰下台来而导致晚节不保,这三年,也逼着自己翻了不少的专业书,也从各种渠道贪婪地吸收数字媒体相关政策和前沿信息。三年,讲了四个学期的"融合媒体运营"课,仅课件就推倒重来了四次。

中年换赛道的确很辛苦,导致应该发胖的中年居然莫名瘦了几斤,还因此担心自己得了重病，跑进医院将自己全身检查个遍。

一日复一日，三年时间加上前面的三十年，至少可以说，碎片化的认知还是吸收了不少。

不断地引入，思考，输出，这个过程可以说是痛并快乐着，也算是有了些属于自己的认知。

当碎片化的信息和认知不断地被存储进大脑，满则溢，也就有了点输出的底气。

也正因于此，这本《融合媒体内容创新与实务》不能说是毫无理性认知和系统性，此时，用一句俗语"没吃过猪肉，还没见过猪跑？"也算不上胡乱联系。

学术研究和实践研究只是分工不同。

比如，老师在讲台上讲授如何制作标题和写消息时可以条分缕析，有理有据，但真要跟媒体人去比拼做标题和写一条标准的新闻稿，不见得比得过；同样，媒体人做标题和写新闻稿多了些驾轻就熟，但登上讲台讲授标题制作和新闻写作有时也会陷入词穷，甚至在瞬间将自己整成知其然不知其所以然。

也因是从碎片化的认知中来，这本《融合媒体内容创新与实务》就是逼着自己拿出绣花针的功夫，把碎片化的信息和认知串联起来，如果最终的呈现不是"麻布袋绣花"，底子太差，也是"人间值得"了。

2. "讲人话有那么难？！"

当下，市面上有关数字媒体研究方面的书不少。可以粗略地将其分为"圣经"类和教材类。

"圣经"类大多由有着新媒体标签的"大咖"们出版，多集中于实战经验的分享，遗憾的是，有些"圣经"只是停留在"心得体会"层面，谈不上专业性和相应的高度，里面不少新词必须百度一下才能整明白。

再加上很多"大咖"还比较年轻，没什么媒体历练，写作谈不上严谨不说，内容含金量上，稍微拧一拧，最终一本书剩不了几页。

同时，有着新媒体人标签的一些人写出来的东西有时让人觉得不是很科学。

一是对传统"欲取代之而后快"。

有媒体人曾说：个别自命不凡的所谓新媒体人，对孕育了它们的传统母体，有一种不知道从哪里来的优越感。它们看不到新媒体身上的传统基因……看不到既有新技术新平台的脆弱性，看不到所谓新媒体的寿命才不过数年而已，对传统有一种"欲取代之而后快"的仇恨，对新事物保持着狂热的崇拜。

也是因为于此，翻看完一些"圣经"，最大的感受是避实就虚。由于缺乏真正的媒体历练，他们的"心得体会"给人一种虚弱或者虚火的感觉。

二是浮躁浅薄。

今日头条创始人张一鸣曾在一次演讲中念了一段公司员工的材料内容："过去我们主要依靠推荐技术赋予的信息分发能力、跨端联动抖头西、分多个产品自研，实现深度共建，形成组合拳，打造内容生态闭环，以此赋能客户用户创造价值。未来我们要增加横向不同场景价值，延长服务链路……"这些被人们戏称为"互联网八股文"。

通俗点说，就是"不讲人话"。

也因为如此，按照"圣经"来学习数字媒体内容创作，很可能学到的只是一些皮毛般的技巧类知识，这是一件令人遗憾的事。

相较于一些"圣经"类，高校教师出版的教材就严谨和科学很多。起码体系和架构是完整的。术业有专攻,这些教材类的书籍会令"三十几年没怎么读过书"的我望尘莫及。

没有金刚钻莫揽瓷器活,暂时出不了教材,但不代表没有自己的思考和体系。自我安慰的是,孙玉胜同志(凤凰卫视常务副总裁,原中央电视台副台长)的《十年》不也被很多高校当成教材用,还被业内人士奉为圭臬吗?

3. 是时候迈出"六亲不认"的步伐了

新媒体初期,一些有着新媒体人标签的人,凭着对新媒体的春江水暖鸭先知,孤勇向前,成为黑马,可惜的是,很多却是"是非成败转头空";与此同时,传统媒体人也纷纷一头扎进新媒体江湖,大多成为裸泳者,只有少得可怜的人"艰难困苦,玉汝于成",成为翘楚。

这两种现象表明,背负着沉重的传统媒体思维负担的人,想一下子转到新媒体频道,也是艰难的。而那些毫无媒体经验的新媒体人,凭着一时的勇敢,闯出一片天地后,往往也会陷入"要有思想才能解放思想"的困窘,最终被拍死在沙滩上,成为前浪。

出现这一状况的原因并不复杂,稍作探究后可以归结为面对新生事物时的"一时找不着北"。

首先,当大家一夜间被扔进新媒体江湖时,会因为新媒体初期各种媒体形态迭代更新得太快,容不得"我想静静"而心生胆怯,甚至会自暴自弃式地叹息一声:"当世界抛弃你的时候,还没跟你打声招呼。"其次,当大家一头扎进浪潮中,虽然可能一时站上潮头,但并没有掌握新媒体江湖的精髓,瞬间就可能被掀翻进谷底。

于是,新媒体初期,虽可"狭路相逢勇者胜",但却失了"每遇大事需静气"的从容。

然后开始直面一个基本道理：新生事物发展到一定阶段会有一个回到初心的过程，数字媒体内容创新也不例外。

遗憾的是，围绕数字媒体内容创新，一些有着新媒体标签的勇者，媒体运营的基本常识和规律会被他们硬生生地逼成了"咫尺天涯"，于是，"标题党"开始横冲直闯，同时，那些有着媒体经验的人，在数字媒体初期，因对新媒体本质特征只有着浅表的认知，很多人被裹进阵阵喧嚣中莫衷一是，甚至开始怀疑人生。

庆幸的是，数字媒体形态的发展开始趋稳，"我想静静"的思考就开始走在了路上，"守正创新"成为数字媒体内容创新的正道已成共识。

然而，"守正创新"常常脱口而出，如何做到却往往一头雾水。在我看来，数字媒体内容的守正创新先必须回到哲学中去思考，从根源上找寻传统媒体时代和融合媒体时代的不同，做好基于基础理论的创新。

传统媒体和新媒体的根本不同是传播的物理形态发生了改变，因为物质决定精神，所以新媒体内容创新就得围绕物理形态的改变而有所改变。

同时，无论是传统媒体还是新媒体，都是媒体，媒体传播的规律不能说一夜间就消失了。于是，内容创作和输出的守正创新的一个基本遵循是"和而不同"的理念。

传统媒体和新媒体运营应该是"和而不同"，不能被人为简单地割裂，"和而不同"的实施路径则可以解读为在内容创作的常识和规律的回归中创新。于是，融合媒体时代内容的守正创新中的"正"是"物理形态改变＋内容创作常识和规律"。

解决了"正"的问题后，创新的问题可以浓缩为"重塑"两个字。

具体解释为：进入融合媒体时代后，最根本的改变是媒介形态的改变，本着物质决定精神的基本原理，应针对这种改变，在内容创作的常识和规律的回归中对内容进行重塑。

"重塑"两个字用在融合媒体时代内容创作上，可以用"字越少事越大"来形容。

结合新媒体特征和当前实践，可从以下 7 个方面来展开内容重塑，分别为"定位""标题""路径""故事""互动""活动"和"短视频"。

当媒介形态发展趋稳，"标题党"类的喧嚣烟花易冷，回到物质决定精神和内容创作的常识和规律后，才可以不畏浮云遮望眼，不再怀疑人生，不人云亦云，在内容创新的正确大道上迈出"六亲不认"的步伐。

于是，"是时候迈出'六亲不认'的步伐了"，是为序。

岑赤民

2024 年 1 月

目 录

点开即叉掉　正道沧桑

新媒体时代"人人生产"，内容可谓"量大管饱"，人们却经常会像看电视那样很难找到想看的内容，"刷"得心累。

这，是个问题。

一、提问：关键词"叉掉"

掩卷而思也是一种温故知新。

作为曾经的报社编辑，会自觉回望和审视自己的内容，也会不断接收与书的内容有关的新信息，沉淀出一些新的碎片化思考。

挤掉其他的"碎片"后，统领此书的两个关键词逐渐清晰和固化，分别为"思无邪"和"用事实说话"。

"思无邪"是理论层面，"用事实说话"指向的是实践，两者结合，与"眼往高处看，人往低处走"这句白话的哲学智慧很是吻合，可组成一个稳定的三角关系。

"思无邪"源自孔子的那句"诗三百，一言以蔽之，曰'思无邪'"。从众多大家的解读中，人们可以真切感知到"思无邪"这三个字的分量。

"用事实说话"最终被定为《焦点访谈》的定位和宣传语，极具专业性和高级感，遗憾的是，在媒体工作了很多年的我，在"熬"这本书时，才真正掂量出这五个字的分量。

为何是"思无邪"和"用事实说话"？

新媒体发展初期，为赢得流量，大家可谓挖空了心思，最明显的特征是"标题党"和各种吸引眼球技巧的四处贩卖。

从内容与用户之间的关系来说，如果说新媒体初期是相识阶段，媒体融合 10 年后的这个时期可称为相知阶段。

然而，相识阶段并无"与君初相识犹如故人归"的熟悉和懂得，内容与用户之间的关系和建立还需要经过爬坡过坎或者滚石上山。

新媒体发展到今天，出现了一个非常普遍且较为突出的问题：很多内容点开即叉掉。在新媒体发展初期也存在这一现象，但并没有现在这般的感知不适，这源于进入相知阶段后，人们对内容品质有了更高或者进一步的要求。

为何依然存在大量的点开即叉掉？

症结是否在于我们的内容没有做到"思无邪"和"用事实说话"？

有时，提问比答案重要，不妨先把问题提出来。

二、现状：关键词"讽刺"

当前的数字媒体内容创作实践中，无论是"思无邪"还是"用事实说话"，都存在可怕的放弃和异化，颇具一些讽刺意味。

所谓的放弃和异化，指的是内容创作的出发点不是潜心创作出有传播价值的内容，而是侧重于内容通过传播能否获取流量，近乎谄媚般地迎合用户和市场，形成了较为严重的重流量轻质量的局面，犹如"思有邪"；同时，很多内容创作者为达目的，一味地迎合情绪传播等，忽视事实（真实）

的力量，不注重用事实说话，甚至将事实的片段孤立出来作为背景，片面而又主观地输出观点和态度。

对于此类现象，中国人民大学副教授飞岸老师曾在她的自媒体中这样说："有网友问，自媒体如何涨粉？自媒体是不认专业和专家的。在网络世界，光脚的不怕穿鞋的，有底线的玩不过专门吃人血馒头的。网友很难分清真话假话，他们只关注谁说了我爱听的话。每个人在网上寻找的都是认同，你认为网友支持的是你，其实他支持的只是他自己。赚谁的钱就要迎合谁，明白了这一点的人，才能凭自媒体吃饭。"

奇怪的是，对于这些内容，平台有时居然会当成宝，于是，对于同一件事情的看法多如牛毛，仔细看，很多是些没什么价值的输出和传播。比如，一则影评、一个热门事件的解读……往往会出现截然不同且相当片面的观点和态度，用户看后莫衷一是。更有甚者，内容来自拼凑，居然还能在显要位置呈现，让人看后直摇头。

受利益驱使，这种几无价值的输出在网上随处可见，还美其名曰算法推荐。殊不知，算法虽然能够为平台赚取不少的碎银子，但也存在一个非常大的潜在风险，这些粗制滥造的内容会极大浪费用户的宝贵时间，令其慢慢失去主流用户。

新媒体发展到今天，算法纠偏也进入窗口修复期，遗憾的是，主流用户暂时还很难清晰地感知平台在修复方面的努力。

不仅如此，主流媒体在内容创作时或多或少也会存在重"宣传"而轻"事实说话"的问题，很多时候摆出一副说教或宣教的面孔，只管"大水猛灌"，而不发挥事实的威力，润物于无声，令人扼腕叹息。

之所以说此现象极具讽刺意味，是因为"思无邪"和"用事实说话"是两句极具常识性的话。

无论是反常识还是"最终，很多问题的答案都是常识"，数字媒体内容创作中，如果充斥着太多的反常识还不自知，就有了讽刺的意味。

三、原因：关键词"人人"

进入数字媒体时代后，对"思无邪"和"用事实说话"这两个常识的放弃和异化大抵逃不过两大原因。

一是内容生产从传统媒体时代的专业生产发展到专业生产+人人生产+机器生产。内容海量化生产格局打开后，由于专业性的缺失，"黄沙"太多，"吹尽黄沙始到金"的难度大大增加，导致这两个常识的放弃和异化显得比传统媒体时代更为突出。

二是新媒体时代发展初期，技术迭代比较快，人们对新媒体根本特征的理解、把握和运用处在被推着前进的状态。人人皆能创作后，内容创作洪流浩浩荡荡，理论建构给人感觉却是亦步亦趋，理论和实践之间难免出现一时的断裂。

由于缺乏正确的理论指引，在进行内容创作时，很多人难以挣脱潮流的裹挟，被潮流和眼前的蝇头小利牵着鼻子走，人云亦云和随波逐流后就会造成短视，失了章法和方向感，犹如饮鸩止渴却很难自知。

内容创作中，失去"思无邪"的原因是创作的出发点出现了问题，具体表现为三大特征：目的性太强、唯技巧和短视。

首先，目的性太强。很多内容用户一点开就知道你想干什么，最终落入"一切带有很强目的性的宣传总是遭人逆反"的窠臼，这样的内容第一眼就让用户觉得缺乏客观性。虽然很多内容创作也在玩犹抱琵琶，最终却成搔首弄姿，用户眼睛一扫就发现是诱导，而不是摆事实讲道理的引导，虽然挖空了心思迎合用户，却因用户开始就有的警惕，导致目的无法达成。

其次，唯技巧。为了流量，一些所谓的内容表达技巧争先恐后冒出，并形成跟风潮，遗憾的是，这些所谓的技巧只能是各领风骚一阵子。

流行难成经典，赚取的流量也只是暂时的。比如"世界这么大，我想去看看"和"刚刚"等，如果一直重复这些就会令人倒胃口。

关于"流量"，央广网这样评论：热度来得快，散得也快，待流量潮水退去，这"大 V"、那主播可以拍拍屁股走人，那些被拽入流量旋涡的当事人，却很可能要长期承受"被网红"带来的负面效应。

最后，短视。由于一门心思关注如何赢得流量，一些内容创作者难以做到"十年磨一剑"和"板凳甘坐十年冷"，为了短期利益，一味地玩概念，做营销，造话题，刷流量，削尖脑袋创作一些快餐式的内容。

精品内容的匮乏导致很多 APP 只能矮子里拔长子，抓到篮子里就是菜，却终难成一款有品质的桌上好菜。这种现象严重影响了主流用户在有效时间里获取有价值信息，导致他们一天天削减对平台的兴趣和信心，直至取关。

四、症结：关键词"用户"

点开即叉掉，症结是创作者对"用户意识"和"用户画像"的认知存在偏差，最为突出的表现是低估用户的自我价值判断，只是一味地迎合和诱导。评价标准则以流量数据代替影响力，还美其名曰"接地气"，不考虑主流用户群体的体验和需求，殊不知，用户的认知早已领先很多创作者了。

最典型的例子是，不少 APP 到现在依然喜欢将答案或者主要事实藏在末尾或中间，即"悬念应用"。很多"悬念"用户在点开看后，如果短时间内找不到所需的答案，多半会失去刷下去的耐心而叉掉，这种点击率也毫无意义。

而且，很多表达并不是先有导语再有背景，而是先有背景再有导语。这种情况在影评等领域表现得最为明显，在利益的驱动下，平台方不仅会推，而且会大范围地推荐给用户。

一般来说，最重要的事实应该放在最前面。因为，如果开头都不能很好地吸引用户，用户的耐心就会迅速消失，最终点开即叉掉。《南方周末》微信公众号一直坚持将最重要的事实、观点和态度，用最有力的表达放在最前面，这在众多 APP 推出的内容中成为一股清流。

故弄玄虚式的表达和叙事方法，网上有很多。"标题党"算一个；创意克隆算一个；本该用文字表达的非得用视频表达算一个；见热点就蹭，最终蹭的脸不是脸鼻子不是鼻子算一个……

仔细分析这些现象可以发现，虽然表现方式不同，但根本上都是在反常识，是"思有邪"，很多创作者和平台跟着所谓的潮流转，迷途而不知返。

除了"思无邪"，"用事实说话"也常被漠视。最明显的表现是，固执地秉承传统的宣传观念，根本不顾"要宣先要传"。同时，很多创作者秉承天下熙熙皆为利来，却无法做到君子爱财取之有道，不去用事实说话，而只是将"事实"作为背景，只比吆喝声（声量）谁大，不去考虑内容的事实价值。

更有甚者，进行内容创作时罔顾事实，瞎蹭热点，一叶障目，一根筋似地输出观点、态度和情绪。

在创作故事时，只知道故事化表达有威力，却没有将故事表达建立在事实基础上，故事中充斥着大量的主观性观点，事实成了点缀，有的甚至凭空想象和捏造，故事创作成为工厂化的套路输出。这些凭空想象或捏造出来的故事如山间竹笋，腹中空空，虽然热度偶尔能够达到 10 万+，但其传播力和影响力却不值一提。

五、后果：关键词"无力"

"思无邪"和"用事实说话"被无情地抛弃和异化会造成两个方面的后果。

大的方面，很多数字媒体内容在解读惩治腐败、改善生态、消除贫穷、振兴科技、文化认同、民族融合等问题上显得很无力。事实是，一旦秉承"思无邪"和"用事实说话"，拿出"十年磨一剑"的劲头打磨作品，就能以一顶百。就如市面上有大量的电视剧，最终，像《人世间》这样的少得可怜。

小的方面，在品牌营销上，很多品牌方热衷于发动用户参与创作。然而，如果缺乏针对性的激励措施，最终，大量输出的低端内容虽然可以为品牌带来存在感，获得一些流量，却也会埋下一些隐患。流量是把双刃剑。

当品牌输出大量粗制滥造或者缺乏真实性、思想性和艺术性的内容后，用户看完不禁会问：创作出这样低端内容的品牌能够好到哪里去？这样的输出不仅无法助力品牌发展，有时还会拉低品牌形象。只是，当前很多品牌没有看到这种风险。

从"网络情商"的角度，有人这样说：一些正能量话语，单看内容，好像都对，但放到网络语境和氛围里，又仿佛总缺一点让人读下去的理由。其原因在于，这些内容换位思考不够、说教太重、远离生活实际、内容浮夸失真。其实这四个方面就是对"思无邪"和"用事实说话"放弃和异化的结果。

归根结底，还是重流量轻质量，没有精品意识惹的祸。

殊不知，如今内容策划投入和平台投入已经倒了个，投入时间精力创作出一个精品，比起成百上千的"堆头"，效果不知道要好多少倍。

将"思无邪"和"用事实说话"作为统领，本质上是要解决内容创作和创新的出发点，回答什么才称得上是真正的创新，以高质量获得真流量，回答好这个问题，才不会被虚幻的流量迷了双眼，才不会跟着所谓的潮流走，始终找不到创新的正道。

《三体》说："不要轻视简单，简单意味着坚固。"

寄望由"眼往高处看，人往低处走""思无邪"和"用事实说话"组成的三角关系是坚固的，是一种大道至简。

"引言"篇

"呜呼"的"最佳案例"

——认知的浅表化掣肘融合媒体的内容创新

媒体融合十年，我们渐渐远离熟悉的避风港，被推向风急浪高的深海。

虽然有"存在即合理"一说，但有些存在经不起推敲，比如下面这个"最佳案例"。

此"最佳案例"是 2022 年一家省级报纸获得的媒体融合创新的主题宣传类最佳案例，内容是围绕一个主题对县(市、区)委书记进行访谈。

此活动跟传统媒体时代报纸的专刊或专版的运营同理，属于工作成就报道范畴，只是由文字变成了"文字+视频"，传播渠道有所增加，标题有所变化，但总体来说应属于单位成绩宣传报道，有可能还有创收性质。

当然，被评为最佳案例也是对其探索的一种肯定。尽管收获了很多渠道点击的 10 万+，但是有多少用户真正看完了视频还真不好说，传播效果值得商榷。

作为多年的传统媒体人，相较于一般的用户，笔者对此类宣传报道会更加关注，但也没有刷完一个视频，看完一篇文字。一是太长；二是对内容真不怎么关心。

如果稍微往前走一步，这个"最佳案例"的含金量有望大幅提升，比如，首先，提炼出访谈的核心内容，制作成海报，让用户在很短的时间里知晓主要内容；然后，附上全文链接给想看完的用户，传播效果会好很多。多走一步不难，只是传播主体没有很好地把握碎片化阅读特征，导致传播效果打了折扣。

此"最佳案例"表明，大家对融合媒体的认知还存在一定局限。"传媒茶话会"在 2024 新年献词中说：在媒体融合作为国家战略整体推进的十年间，一些媒体为了融合而融合，大搞形式主义，出现了刻意强调"全能型记者"而忽视了"专家型记者"，盲目谋求"流量"而放弃了内容"质量"，简单片面地把媒体融合理解为物理反应而不是化学反应。

媒体融合十年，主流媒体渐渐远离熟悉的避风港，被推向风急浪高的深海。

一、生态改变的一知半解

关于"融合媒体"概念，最接地气且比较形象直观的表述是"墙面广告加上二维码就是融合媒体"。

关于媒介融合，大家比较认同的理解是指各种媒介呈现多功能一体化的趋势。具体来说，"媒介融合"是信息传输渠道多元化下的新作业模式，是把报纸、电视台、电台等传统媒体，与互联网、手机、手持智能终端等新兴媒体传播通道有效结合起来，资源共享，集中处理，衍生出不同形式的信息产品，然后通过不同的平台传播给受众。

还有一种颇受认可的表达是：融合媒体是利用融合传播平台，把广播、电视、报纸、互联网等既有共同点又存在互补性的不同媒体，在人力、内容、宣传等方面进行全面整合，实现"资源通融、内容兼容、宣传互融、利益共融"的新型媒体。

如何定义"融合媒体"不难，难的是对融合媒体生态改变的深刻认知，从而找到融合媒体的正确打开方式。

（一）运作模式改变的认知不到位

随着时代和科技的进步，人类传递信息的方式和传播媒介也在不断发生变化，已是"万物皆媒"，每次变化都会给信息传递方式和传播逻辑带来革命性的改变。

比如电视一出现广播就靠边站，步入融合媒体时代后，广播占领了汽车，电视却成了"困难户"，报纸则大面积停刊，纷纷转型。

进入融合媒体时代，因为传播渠道的改变，运作模式也相应发生了巨大的改变。

以传统报纸内容生产传播和新媒体内容生产传播为例进行比较。

传统报纸的业务主要为采编、广告和发行，俗称"三驾马车"。从采编这一块看，传统报纸的运作模式是记者采集新闻回来，一级级加工和审核后，进行印刷，再通过发行队伍送到读者手中。

新媒体时代，信息从采集到发布，流程大大缩短，很多内容都是即时传播。

虽然当前主流媒体开办的新媒体平台内容还是得经过"三堂会审"才能输出，但省掉了印刷和送达的过程。为生产出具有新媒体特征的内容，主流媒体纷纷筹建融媒体中心，以在运作模式上做出改变，但融媒体中心的成立并不代表着运作模式得到了真正的改变，"新瓶装旧酒"的现象依然存在。

融合媒体运作模式的改变具体体现在流程优化、平台再造和各种媒介资源、生产要素的有效整合，实现信息内容、技术应用、平台终端、管理手段的共融互通方面。

融合媒体时代初期，由于各种媒体形态层出不穷，令人目不暇接，人们对融合媒体的认知不免会出现一种浅表化现象，在搭建新媒体平台时，很难做到运作模式的有效升级和高效运转。

关于运作模式的改变，新华社全球视频智媒体平台建设可以给我们一些有益的借鉴。

首先，在体系构建上，他们秉承的是始于体系竞争力追求，成于技术与业务融合理念。

该项目在启动之初就确定了媒体融合技术平台总体架构和主要功能的八个定位。

一是支持跨系统调用，即必须能够在高清系统调用新华社多媒体数据库内容，同时处理视频和文稿。

二是大数据功能，即必须能自动积存全流程、各环节的数据，而且能够按照一定条件和算法对数据进行简单分析，然后随时反馈给记者和编辑。

三是支持移动采集、移动传播，即能够接收用手机等移动终端、移动方式发来的视频稿件，能够通过这个系统向移动终端一键发稿。

四是支持智能监控系统运行，即必须能够在指挥中心、监控中心随时知道系统中每个设备的工作情况，降低巡检工作量，体现智能化。

五是破除信息孤岛，打通全系统，包括采集子系统、制作子系统、播出子系统、资料子系统，既要无缝对接又能互相调用。

六是向下兼容，即通过新系统可以调用、利用原资料系统存储的视频资料。

七是支持自动转码，既能够实现高速转码、批量转码，也能够输出高码流、兼容低码流、兼容标清。

八是支持融合发稿，即适应媒体融合需要，支持视频、图片和文字的组合。

这八个定位，决定了这个全球视频智媒体平台能够适应从为电视播出制作视频产品转向为互联网点播制作视频产品的重大转变。

其次，在构建基础层面，确立了打通全流程相关系统底层支撑体系化运行理念。

大流程：在再造流程中优化流程。

大系统：打通全流程所有相关新旧系统底层。

数据流：自动积存、自动汇聚、实时共享。

移动性：支撑移动传播优先和在任何地点构建编辑中心。

便利性：以提升系统集成度、使用便利性支撑体系运作。

协同性：以同步性和系统性功能实现体系化运作。

扩展性：适应需求和技术变革不断优化系统扩展功能。

相较于新华社构建的全球视频智媒体平台，一些主流媒体构建的新媒体平台多少存在一些不足，新媒体平台搭建之初，内涵建设上存在形式大于内容的情况，从而导致运作模式改变乏力。

（二）复杂生态带来认知的不到位

从传统媒体时代过渡到融合媒体时代，意味着一个复杂生态诞生。

首先，催生了生产方式的改变。

最显性的改变就是内容生产由专业生产变成专业生产+人人生产+机器生产，融合媒体时代人人发声，同时，信息的反馈机制也得到了根本性的改变。

"人人都有麦克风"导致融合媒体时代常常会出现舆论撕裂的现象。有人说，以往舆论可控是常态，如今舆论失控成常态，与之相伴的就是表达越来越情绪化、粗鄙化，引发了共识难以达成、事实与逻辑不重要等后果。

这些都是传播生态的复杂性的注脚，必须面对。

2019年1月25日，习近平总书记在十九届中央政治局第十二次集体学习时的讲话中强调："全媒体不断发展，出现了全程媒体、全息媒体、全员媒体、全效媒体，信息无处不在、无所不及、无人不用，导致舆论生态、媒体格局、传播方式发生深刻变化，新闻舆论工作面临新的挑战。"①

其次，传播逻辑也发生了根本性改变。

以微信公众号和传统媒体传播比较为例。

从传播渠道和传播的内生动力来看，传统媒体的内容创作和传播多由媒体属性和覆盖范围来决定，更多时候是一种单向传播，信息接收具有被动性。而微信朋友圈传播，是否转发和点击则由内容传播的广度和深度决定，信息接收的主动性或主观性更强。

从用户运营层面来看，以往媒体影响力中一个最重要的指标是收视（听）率和发行数据，决定媒体影响力的主要指标为内容质量和覆盖范围。融合媒体时代虽然也是这些数据，但数据的丰富性和数据分析力等是传统媒体时代无法比拟的。

同时，自媒体的勃兴也有助于海外传播，提升国际影响力，比如曾经

① 习近平主持中共中央政治局第十二次集体学习并发表重要讲话[EB/OL].[2023-12-20].http://www.gov.cn/xinwen/2019-01/25/content_5361197.htm.

的李子柒。

从平台运营层面看，功能性、服务型平台一时间超越资讯类平台，影响力已经不可同日而语。微博、微信等成为信息传播的主阵地，相较于传统媒体时代，运营生态和运营理念也发生了翻天覆地的变化。

面对诸多改变，如果无法顺应，不从根本上改变自己的运作思维，就难以找到融合媒体复杂生态的正确打开方式。

在 2018 年全国宣传思想工作会议上，习近平总书记强调："做好新形势下宣传思想工作，必须自觉承担起举旗帜、聚民心、育新人、兴文化、展形象的使命任务。""我们必须科学认识网络传播规律，提高用网治网水平，使互联网这个最大变量变成事业发展的最大增量。"①

(三) 媒介技术进步的认知不到位

每一次的媒介传播技术进步都会催生一场媒介发展的划时代变革。

进入融合媒体时代后，很多媒体人，尤其是一些有多年经历的传媒人，因为传统观念束缚和与时俱进的学习能力的不足，面对技术进步催生的改变会有种种不适，如何用好技术助力内容生产和传播就会遭遇一段时间的"肠梗阻"。

技术进步在助力内容呈现更加直观、形象和生动的同时，还能将内容推送到更广阔的空间，这就要求我们以最快的速度做好新媒体技术和内容的结合。

比如，需要一篇长文字才能表达清楚的内容，如果掌握了动画制作方

---

① 习近平出席全国宣传思想工作会议并发表重要讲话[EB/OL].[2023-12-20].
http://www.gov.cn/xinwen/2018-08/22/content_5315723.htm.

法，用动画形式来表达可能显得更简洁、更形象、更生动、更有利于传播，微信聊天时，一个小小的表情包可以表达很多文字的内容，而且比一般性的文字表达更传神达意；再比如，通过技术合成将30年前和30年后的合影制作成一幅图画，配上"如今已是时过境迁，沧海桑田，你已不是当初的少年"，瞬间就可以将人生况味淋漓尽致地表达出来。

技术进步还带来新赛道的出现，短视频就是由于技术容易掌握，拍摄和制作简单，加上碎片化阅读流行，从而得到蓬勃发展。

技术进步带来的颠覆性改变是依靠技术进步创造出的算法，这也是今日头条等平台制胜的法宝。

总之，在技术进步面前，内容创作者要依仗技术进步做好创新。

二、实践突围的一声叹息

对融合媒体生态改变有一个较清晰的认知后，也不是马上就能做到知行合一，因为解放思想或改变观念本就不是一件容易的事。融合媒体时代初期，观念改变难多集中于主流媒体里的人，他们依然是内容生产和传播的主力军。

主流媒体转型升级中，虽然天天喊解放思想，实践起来却是踟蹰前行，有时还会给人"集体无意识"的错觉，具体表现为以下几个方面。

(一)"我行我素"的空间依然存在

在媒体转型中，待在主流媒体里的一些人虽然也跟自己说要改变观念，但多半还是躺在舒适区过日子，导致改变只停留在"有这个意识"的层面，给人感觉是"小打小闹"，不具备在新媒体江湖真枪实弹拼杀的能力。

主要原因是传媒市场依然有"我行我素"的空间，导致一些个体在转型升级上缺乏应有的内生动力，缺乏改革的勇气。

比如，传统报纸照样出版，传统电视节目照样播出，这两样就给了一些待在主流媒体的人一个"缓冲区"和"自留地"，费力做"最新媒体"内容不如待在舒适区来得实在。

"缓冲区"和"自留地"的存在，让不少传统媒体人少了许多适者生存的压力感和紧迫感，更有甚者认为自己比平台、比算法更了解用户，因为"我"是专业的，是有审美的、受过系统训练的等。

因此，在融媒体发展过程中，很少一部分轻型的传统媒体人能够做到知行合一，为社交媒体量身定做内容，或者适应社交媒体需要对内容进行二次深加工。

（二）轻运营的"甩手掌柜"现象依然突出

重内容轻运营也是主流媒体转型升级中的一个突出现象。

当前的社交平台上，新闻对于绝大多数用户来说不是刚需，娱乐和体育成了主打，新闻只是很小的一个组成部分，是吸引用户、增加用户黏性的一张牌。这种需求，促使主流媒体人应立足社交平台的特性，观照生产的每一个内容，以求最大限度地匹配社交平台。生产出社交账号需要的内容，需要主流媒体人共同努力，一个环节失守就有可能导致整个内容价值的缩水和传播链路的塌陷。

举个例子。

对于一位电视编导或者记者来说，以前的工作状态通常是熬了两天，片子送到播出线准时播出，任务就算彻底完成了。

对于新媒体来说，电视播出那一瞬间，或者说一条视频稿发出后，新媒体运营工作才刚刚开始：热搜话题怎么设计？网友互动怎么设计？碎片化的小视频怎么制作？其他平台的分发怎么做更专业？怎么推广更好？要不要做一张海报……

生产内容时如果不去想该怎么传播，而是交给后期编辑就完事，这一环节就塌陷了，如若后期编辑也只是简单扔进平台，来个事了拂衣去，很少"往前走两步"，内容价值传播也就无法产生影响力。

如此操作会带来两个方面的后果：一是因善小而不为，难以积小胜为大胜，平台的品牌效应难以形成；二是非常不利于自身新媒体素养的提升，新媒体人才培养成为问题。针尖大的窟窿能漏过斗大的风，每一个关键环节的失守，都有可能导致转型升级的塌陷。

同时，当前一部分主流媒体中层以上的领导干部，拘泥于自己的思维和实践，缺乏主动学习的热情，在进行传媒产业变革方面，也缺乏相应的内生动力。

(三) 对新媒体内容理解依然浅显

融合媒体时代，内容已经不仅仅是传统媒体时代所理解的内容。

相较于传统媒体时代的内容，新媒体内容要符合用户需求不说，还要适应传播需求和社交需求，要时刻观察用户的反馈，甚至发送时机都是内容的一部分。

新媒体传播有一个重要的表征是情绪传播，即在专业性的前提下，适度迎合受众心理满足点。当然，一旦互联网上的情绪传播空间收窄或逐渐被边缘化，情绪传播就可以考虑逐渐淡出。

再比如，服务性的内容很受用户欢迎，知识分享、专业型内容也就可以成为内容生态的新生力量，"泛资讯"的概念应该引起大家的高度重视。

针对此现象，"浙江宣传"编辑部总编辑李攀撰文表示：一些传统媒体和媒体人的"精英思维"比较严重，认为自己写一篇"雄文"就能一呼百应，或者觉得读者爱看不看，自己觉得好才是真的好，最终导致作品陷入内部循环。有人调侃说，以前是写谁谁看、谁写谁看，现在可能是写谁谁也不看，毕竟互联网上有海量内容，大家都有丰富的选择，而传统媒体发布的一些文章也不一定都有吸引力、穿透力。①

与此同时，涉嫌认知方面矫枉过正的一个现象是，很多主流媒体人对自己的内容优势并没有清晰的认知。

一些主流媒体对自身长期积累的公信力、政府资源以及图文音视频资源汇聚能力视而不见，没有主动作为，将内容优势转变为胜势，有的甚至对内容的传播价值"妄自菲薄"，本质上依然是对新媒体需要什么样的内容没有一个清晰的认知。

（四）对短视频的传播逻辑不以为然

一条视频稿件希望所有社交平台播发，最后可能毫无效果。不根据平台属性生产内容，只会事倍功半。

抖音是短视频平台，流量高，内容属性强、音乐属性强；微博热搜是

---

① "浙江宣传"编辑部总编辑李攀：做强主流舆论应走出四个误区[J]. 中国记者，2023（3）.

重要流量入口，影响力大，有新闻属性；快手受众下沉，奇闻轶事流量高；今日头条新闻属性强；B站内容属性强，属于知识型、专业型吸粉等。

如果体制和机制的设立没有鼓励大家强化内容的平台针对性，就会出现不同程度内容加工"躺平"现象。在平台分发方面来一个一招鲜吃遍天，导致内容传播效果大打折扣。

短视频平台属性不同，各类短视频的逻辑也截然不同。

除了对短视频传播逻辑的认知不到位，还有一个现象就是泛视频化，似乎不视频不传播。有些内容，文字表达明明比视频表达更合适，更有力，非得弄一个人在镜头前讲，还是有文字底稿地讲，丝毫没有口语化改造。

事实上，该文字表达就文字，该视频表达就视频，毕竟视频和文字表达各有长处，各有分工。本该用文字表达非得来个视频，就显得过于形式主义了。

(五) 精品认知依然停留在传统思维

两微一抖一快、头条、B站……每个平台涨粉都有一条必经路径，要有"爆款"意识。

一般流量满足不了涨粉这一基本需求，只有"爆款"才能破圈，才能有极强的传播力和影响力，带来大量粉丝。

主流媒体创办的新媒体平台，除了保住基本盘，在掌握平台流量的规律后，要把精力投入策划中，聚精会神研发"爆款"内容，同时，要为"爆款"内容的生产做好机制建设。传统媒体时代对深度调查报道也倾注了热情，但实际操作过程中，由于机制等原因无法支撑对深度调查报道的重视。

融合媒体时代，一些媒体人虽然有情怀有理想有追求，但也存在两个"不适应"。第一个不适应是内容追求所谓的"高大上"。即使文章写得再好，片子拍得再美，制作得再精致，抓不住用户的痛点和共鸣点，再"高大上"也难以吸引人。现实是，很多鸿篇巨制花了大价钱，最终只不过是孤芳自赏。

第二个不适应是定位追求"高大上"，不接地气。对当下中国互联网时代用户没有一个清晰的认知，对活跃用户没有一个相对明确的画像，而是一味地秉持所谓的"高大上"原则一条道走到黑，容易导致曲高和寡的情况发生。

中国网民基数大，内容定位也可以适当考虑走"农村包围城市的路线"，注重内容普适性的开掘，在吸引足够多用户的基础上再细分用户，作为综合性的客户端，不能一味追求"高大上"，而放弃了基本盘的争夺。

针对实践突围中出现的种种现象，"浙江宣传"的一篇推送说得更加直接，标题是"传统媒体干不好新媒体全因'8种病'！哪种最要命？"

该文指出，有的媒体表面上看似"融合"，其实是在"凑合"，到头来依然只是披着"新媒体马甲"的传统媒体。

媒体融合不仅是一场行业变革，更是一次思维变革。传统媒体与新媒体，本质上属于不同"物种"，有着完全不同的"文化基因"。

该文指出，传统媒体干不好新媒体，归根结底是没有转变思维观念，进化出新媒体基因，具体说来，有这"8种病"。

第一，自视艺高，不愿改变。

传统媒体时代，专业媒体作为唯一的专业化大众传播主体，享受着公众的仰视与膜拜。如今，有的传统媒体还习惯于凭借既有的优势、经验、套路做事。

比如，一些传统媒体保有根深蒂固的"自负"，他们想当然认为，我受过系统训练，是专业的，只有我才能提供受众需要的内容；内容不受欢迎，只能说明"你没品"，而不是"我不行"；对于新媒体，嘴上说着要拥抱、学习，内心却是轻视、排斥。

面对传播格局之变，还停留在过去，看不上新媒体的"规则""玩法"，以自我为中心，孤芳自赏，以为自己还是"天之骄子"，到头来只能被江湖所淘汰。

第二，传统话语表达，难以走入人心。

传统媒体的以自我为中心，反映到内容上，就是官腔浓、套话多，脱离老百姓现实生活和情感需求。

比如，有的传统媒体习惯写"大块头"文章，认为这是"高大上"。事实上，没有人爱看绕来绕去的内容、空泛议论的文章，这样的表达方式注定只是自说自话、自娱自乐，谁写谁看、写谁谁看。因此，媒体必须学会放下架子，多说老百姓听得懂、愿意听的话。

第三，重内容，轻传播。

重视内容，忽视运营和传播，是一些传统媒体的软肋。许多人觉得，稿子发了、片子剪了，自己的任务就算完成了，至于传播效果如何、有多少人点击，根本不放在心上。

有形的物质产品，如果不考虑消费者需求，不能适销对路，就会在仓库里积压如山。同样，无形的内容产品，如果不能有效传播，便是资源的极大浪费，干了也是白干。新闻是"易碎品"，有形的物质产品的库存还能当废品卖，过了时效的新闻产品就是满地的"碎片"。

传统媒体不愿做的运营和传播，恰恰是新媒体天天在做的：平台用户数据如何？怎么设计热搜话题、用户互动？配套海报、短视频要不要跟上？内容在哪些平台分发效果最好？……这种用户思维、流量意识，已深深嵌入新媒体基因。

第四，新闻意识强、服务功能弱。

内容，特别是新闻资讯，一直是传统媒体的优势。但新媒体时代，人人都有麦克风，单靠新闻本身很难留住受众。

新闻是媒体的战略根本，但不是战术上的全部。中央明确要求地市级媒体和县级融媒体中心，在聚焦新闻主业的同时，大力发展"新闻+政务""新闻+服务""新闻+商务"业务。

服务群众既是媒体的职责，也是传统媒体增强用户黏性、扩大平台影响力的有效手段。

比如，疫情期间，浙江各级融媒体开设的"战疫求助平台"，就是一次成功的实践。平台开设后，服务群众能力增强，客户端和权威发布的活跃度就蹭蹭上升。

第五，闭门造车，而非开放共享。

过去专业媒体进入门槛比较高，行业相对封闭，用户参与度低。如今这种高门槛已不复存在。互联网是一个能容纳各色人等的"江湖"，任何人都可以投身其中，参与"厮杀"，如果悟到了某个独门秘籍，还有可能自成一派，笑傲江湖。

互联网时代，闭塞一定面临死亡，开放意味着分享和收益。只有"开门办媒体"，打造开放式平台，吸引广大用户参与内容生产，未来才不会被用户抛弃。

第六，把新媒体当"副业"，而非"主业"。

2023 年中国新媒体大会明确提出"主力军全面挺进主战场，让党的声音传播更广更深"，然而一些媒体人仍然固守传统媒体"自留地"，只派了少部分人去"侦察"互联网"主阵地"。

比如，许多报纸栏目、频道频率已经没有市场，但仍舍不得关停并转，白白耗费大量人力物力财力。然而在客户端、微信、抖音等"主战场"，却只有寥寥几个兵、几杆枪。

电视剧《潜伏》里有句台词："有一种胜利叫撤退。""副业"心态是干不好新媒体的。只有果断从旧战场撤退，集中优势"兵力"到网上冲浪搏击，才能真正实现凤凰涅槃、浴火重生。

第七，"+互联网"，而非"互联网+"。

有的媒体搞融合，就是弄几个人做微博、发微信，再弄一堆人去管理客户端。传统媒体和新媒体"两张皮"，各管各的，没有统一策划，没有互通联动。有人形象比喻，这就像一根朽木，上面长了几个鲜嫩的木耳。

还有的媒体，热衷于搞形式主义的"大屏""厨房"，看似热热闹闹，内部体制机制、生产流程依然是老一套。

真正的"互联网+"，需要彻底重塑采编流程，建立适应全媒体生产传播的组织架构、工作机制和管理体制，实现新闻信息一次采集、多种生成、全媒体传播。

第八，"事业单位"色彩浓，市场竞争意识弱。

转型过程中，一些媒体仍然纠结于"宣传/产业""事业/企业""财政/市场""干部/岗位""编制/身份"等。长期以来打下的事业单位烙印，使其产生了惰性，不愿改变，"多劳少劳一个样""干多干少一个样"。久而久之，有想法、有干劲的年轻人待不住、不愿来，严重影响干事创业氛围。

和其他各种改革一样，媒体转型核心在人，关键是要调动人的积极性、激发人的创造力。在这一点上，体制机制的松绑比什么都重要。

融合媒体已经走过 10 年，以上这些现象依然或多或少地存在，改变这些现象需要只争朝夕，不然就不只是输在起跑线，而是节节败退。

三、理论研究呈追赶态势

当产品、渠道、技术趋稳，相关运营方法逐渐成熟后，所有的"为王"就该让位"内容为王"。

融合媒体时代的"内容为王"是能够产出具有新媒体特征的内容。

有关融合媒体内容创作方法论上的学术探索很多，但大多停留在学术研究层面，且只是追赶态势，与实践完全接轨尚需一段时间。

实践中，大家依然是摸着石头过河，凭感觉走，也正因如此，融合媒体发展初期，内容创作技巧的贩卖就有了很大的市场，各种技巧类培训班的吆喝就显得很大声，然而当装了一脑子内容创作技巧回家后，对于如何下手依然混沌。

还需回到"物质决定精神"，从物理形态的改变出发，解决知其然不知其所以然的问题，以及市面上那些华而不实的技巧贩卖给大家带来的不适。

找寻融合媒体内容创作的特征，有两个关键词值得我们琢磨，一个是"小"题大作，另一个是"技"高一筹。这里的"小"指向的是手机屏幕的小，"技"是制作和传播技术。

一"小"一"技"基本可以勾勒出融合媒体需要什么样的内容。

(一)"小"题大作指向"轻表达"

融合媒体时代，更多人选择通过手机终端获取内容，相较于传统媒体时代，接收信息的物理形态发生了重大改变。

相较于报纸版面、电视屏幕等，手机屏幕要小得多，也正是这一"小"，催生了信息接收状态的改变，信息输出的方式和方法也有了质的改变。

和电视屏幕相比，手机屏幕显示的字和视频都比较小，观看的距离相对近很多。一近一小，再加上屏幕上承载的信息总量的扩大，从文字表达来讲，注定不能长篇大论，不能密密麻麻、字体粗笨，否则看起来难受。

因此，"轻表达"的概念就呼之欲出。

"轻表达"突出"轻"这个字，指向的是内容输出必须轻盈。具体到文图表达来说，文字表达要轻，排版要"轻"，分量或体量也要尽量"轻"。

面对传播载体的变化无动于衷，还停留在过去的表达范式就显得不合时宜了。比如，通过手机终端输出恢弘的纪录片和长篇通讯，就算表达非常专业或扎实，也十分考验大家的时间和耐心。

做到"轻表达"确实不易，即使在传统媒体时代，由"重"到"轻"也是件极具专业性的工作。

同样是报纸的文字表达，因为专业程度不同，有的一篇三四百字的短消息就完成得很漂亮，有的可能写上大几百字，甚至上千字，笨拙不说还无法精准有效地传递信息。

无论是传统媒体时代还是融合媒体时代，"轻表达"都是一门涉及专业性的学问，不是单纯做减法那么简单。

"轻表达"的实现过程也是内容重塑的过程。

做好"轻表达"的同时，融合媒体时代的内容重塑还要考虑不同媒体平台的特点，这跟厨师做菜的原理如出一辙。

同样的原材料，不同的厨师会根据餐厅的定位（调性）和顾客需求，制作出完全不同风格、不同品类、不同搭配、不同口味的菜品。这里的"完全不同"可谓颠覆性，绝不是像传统媒体转型初期，把内容稍微改头换面就丢到网上那样敷衍了事。比如，如何使得你的内容符合"知乎"和"小红书"的需求或调性？你可能需要根据平台定位、用户特点，量身定做它们需要的内容，而不是一个厨师来做两道不同的菜。

明明知道不同平台所需要的内容调性不同，却只是简单地加以改造，而不去做根本性的改变和创新，传播效果将大打折扣。

手机屏幕的小也决定了要承载更多的信息时，标题和正文还是折叠的。传统媒体时代，标题制作本就极具专业性，一旦折叠，传统的标题制作方法又得往前一步。相较于传统媒体时代，标题的悬念感将大大增强。如何制造悬念，将在"标题篇"中专门分享。

（二）"技"高一筹需学会借力打力

"小"题大做外，传播技术的进步也催生了几大改变，分别是"互动""赛道""算法"等，可称为"技"高一筹。

"技"高一筹要求我们借助技术的力量对内容进行重塑，让内容更具传播力，也可称之为借力打力，具体的体现是技术带来信息传播的即时性。

互动：即时通讯使得内容与用户之间的交互是及时和畅通的，解决了传统媒体与受众之间互动的难题。

互动的便捷势必要求我们的内容更具有互动性，继而通过互动达成更具广度、深度、温度的传播，这就需要在内容的话题性上有所开掘，提升互动性，助推内容的二次甚至多次传播。

赛道：即时通讯不仅有效解决了媒体与用户间的互动难题，还增强了媒体的直播能力，直播不像传统媒体时代那样高不可攀，而是一夜间飞入寻常百姓家，催生了直播热，产生了一条新赛道。

同时，由于视频制作软件的普及，视频制作也不像传统媒体时代那样倚重于设备和技术，而是信手拈来，短视频迅猛发展，如今又是一条炙手可热的新赛道。

无论是直播潮还是短视频雄霸天下，都是因为技术的进步而有效占据了人们的碎片化时间。

然而，融合媒体发展初期，很多传统媒体人在自己熟悉的赛道上停滞不前，适合短视频表达的却在传统的表达方式中打转转，很少能够顺势而为。更有甚者，面对融合媒体发展的浩浩汤汤之势，内心十分抗拒，有一种被抛弃的感觉。比如，抖音兴起之初，非议就很是不小。

算法：因为技术进步，"算法"登堂入室大显神威。

"算法"（algorithm）是指解题方案的准确而完整的描述，是一系列解决问题的清晰指令，"算法"代表着用系统的方法描述解决问题的策略机制。每个平台都有属于自己的"算法"。"算法"看似无影无踪，却能像吸铁石那样不断地将用户与平台之间拉近，形成黏性。

2019 年 1 月 25 日，习近平总书记在十九届中央政治局第十二次集体学习时的讲话中指出，要探索将人工智能运用到新闻采集、生产、分发、接收、反馈中，全面提高舆论引导能力。①

"互动""赛道""算法"都表明技术进步给融合媒体发展带来了翻天覆地的变化，要求我们通过技术手段来对内容进行重塑。

综上所述，运作模式的"肌无力"、复杂生态面前的"肌无力"、技术

---

① 习近平主持中共中央政治局第十二次集体学习并发表重要讲话［EB/OL］. ［2023-06-25］. http：//www. gov. cn/xinwen/2019-01/25/content_5361197. htm.

进步前的"肠根阻"是当前必须解决的问题，解决好这些问题，内容创新才有理论基础和指引；同时，要坚持问题导向，从实践中出现的种种问题出发，找到正确的方法论，内容创新才不会是无源之水、无本之木。

"定位"篇

包打天下　天下负你

——做好"四最"跨过内容定位的山和海

手机定位易，人生定位难，新媒体内容定位需跨过山和大海，然后还得"晨兴理荒秽，带月荷锄归"才行。

传统媒体时代，内容定位和媒体定位多半是捆绑在一起的。

进入融合媒体时代，创作和输出内容时，没有精准的定位，就算使出浑身解数，最终不仅到不了成功的彼岸，还劳民伤财。

在融合媒体发展初期，很多主流媒体也好，自媒体也好，都在寻找定位的过程中不同程度地迷失了方向，具体表现为：主流媒体在谋求深度转型时，"大而全"的定位思路导致陷入"这也想做那也想做"的迷思，摸黑走了很长时间的弯路，最终难出成绩；一些自媒体平台由于没有科学的定位，要不成了僵尸号，要不成了自娱自乐的自留地，没有任何商业价值；企业类和政务类新媒体平台也在探索定位的路上踟蹰前行。

广告学中的定位原理适用于方方面面，只是在实际工作和生活中常被忽视。

一、从广告定位原理中来

如果让你脱口而出，能说出几个各省旅游宣传语？

(一) 广告定位原理的四句话

内容即产品，媒介即产品和品牌。

探讨新媒体内容定位时，不妨采取拿来主义，从广告定位原理中找到内容定位的相关方法和路径。

2001 年，广告定位原理被美国营销协会评选有史以来对美国营销影响最大的观念，其最早的概念是：为了适应消费者心目中某一特定地位而设计企业的产品和市场营销组合的行为，就是产品定位，产品定位的关键点在于产品可能成为消费者心目中一种特定的地位，而这定位将由企业首先通过广告、继而通过产品本身稳定地存在于消费者心目中。

广告定位的概念有很多，应用比较普遍的是：在对本产品和竞争对手产品进行身份剖析，对消费者的需求进行深入判断的基础上，确定产品的与众不同，以及在消费者心目中的独特地位，并将它们传递给目标消费者的动态过程。

内容定位就是：在对内容产品和竞争对手产品进行身份剖析，对用户的需求进行深入判断的基础上，确定内容的与众不同，以及在用户心目中的独特地位，并将它们传递给目标用户的动态过程。

对其进行延展就是，"通过长期不断的有特色的内容输出，为特定用户提供特有的信息、服务、态度和观点等，从而树立内容在用户心目中独有的形象和口碑"。

什么才是内容的"与众不同"和"独特地位"？什么又是特定用户？什么又是独有的信息、服务、态度和观点？什么是独有的形象和口碑？

做内容定位时，这些问题都需要回答。

(二)从广告定位成功案例中来

那么多凉茶品牌,为什么王老吉能够异军突起?那么多水产品,为什么农夫山泉能成为翘楚?

王老吉从同类产品中杀出重围取得成功,与产品和品牌的定位成功不无关系。一句"怕上火就喝王老吉"帮助产品和品牌在众多饮品中建立起与众不同,很好地吸引了"怕上火"这类特定用户。农夫山泉的"农夫山泉有点甜"的广告定位,可谓定位成功的典型之一。当各种水产品纷纷主打品质定位时,农夫山泉却主打"有点甜",独辟蹊径,充满智慧。"有点甜"不仅与同类产品的广告诉求进行了区分,很好地传导了"与众不同"和"独特地位",其中暗含的品质诉求,丰富且令人充满想象。

为了让学生们更好地理解定位原理,笔者曾在课堂上让大家想想"农夫山泉不只是有点甜",旨在通过一个"不"字启发大家"农夫山泉有点甜"的广告定位从哪里来。同学们将这句话与广告定位概念捆绑在一起理解时,对广告定位概念的理解就有了比较深切的感知和抓手。

(三)旅游形象广告的"记不住"

与农夫山泉和王老吉相比,很多广告没有定位或者定位不到位、不精准,虽然费尽心思做创意和策划,花了大价钱拍摄制作,但最终投放在广告中的钱还是打了水漂。

中国各省的旅游形象宣传广告片在央视的播放频率很高,但如果要回答出各省的旅游形象广告语却是个难事。

笔者曾经在课堂上提问过同学们，大家经过相当长时间的思考，才勉强拼凑出有限的几个广告语的记忆，回答最多的是"好客山东欢迎你"。相较于其他省份来说，这句广告语确实有些与众不同。

从广告语创作来说，各省的旅游形象宣传广告语应该都是绞尽脑汁，集中了很多人的智慧，如此密集播放，为什么还是很难被人记住，形成印象？与此同时，在形象广告的策划创意和制作上，画面拍摄和制作大气而漂亮，但很多拍摄和制作方法却又很雷同。

无论是广告语还是整个形象广告的创意与制作，各省的形象宣传片放在一起播放时，除了"好客山东欢迎你"外，其他大多很难冲出广告的墙纸效应让人留下印象。

究其原因，主要是一些旅游形象广告的创意和制作没有进行很好的定位，没有做到"与众不同"，无法给用户心中一个鲜明的"独特地位"，没有找到属于他们的"有点甜"和"怕上火"。

艾·里斯、劳拉·里斯在《广告的没落 公关的崛起》中反复提到：广告无法建立品牌，公关才能建立品牌，广告只能帮助公关建立品牌。[①] 由于很多广告缺乏定位意识，或者没有找到精准而又科学的定位，指望这些广告助力品牌形象的提升和销售，也不太可能。

二、到内容定位实践中去

定位之于广告至关重要，决定生死，融合媒体时代的内容定位同样重要。

---

① [美]艾·里斯，劳拉·里斯.《广告的没落 公关的崛起》[M]. 寿雯，译. 太原：山西人民出版社，2009.

万物皆媒时，海量信息面前，内容无法做到与众不同，无法在用户心中确立一个独特的地位，就会像中国各省的旅游形象宣传广告那样，无法给用户一个鲜明的记忆点，很难冲出海量信息的重围。

不妨采取问题导向。从当前的融合媒体平台和内容定位现状出发，梳理平台和内容定位的方法和路径。

（一）内容定位的"瞎子摸象"

融合媒体发展初期，关于内容定位有一个盲人摸象阶段，这也造成了诸多新媒体平台发展的先天不足，虽然当前这一现象有所改变，但内容定位的思维误区和惯性还在，带给我们的思考仍在。

以微信公众号为例。

当新媒体浪潮汹涌而来时，相当长一段时间里，微信公众号注册极为流行，人人都可以开设一个公众号。然而，大潮过后绝大多数是裸泳者，很多公众号虽然还在那里，但几乎无人看，主人也懒得打理，最后成了僵尸般的存在。

除了个人公众号热，政务类公众号也如雨后春笋般冒出，美其名曰与时俱进。然而，现实依然骨感，政务类公众号办得成功的少得可怜，很多也是近似僵尸般存在。

公众号运营是否成功跟很多因素有关，最重要的是内容生产力和运营力，但不能武断地说僵尸公众号的主人们(个人和单位)就不具备内容生产力和运营力。

以政务号为例。稍加观察不难发现，当前很多政务号或多或少存在以下问题：换了马甲的简报，换个方式的自嗨，少有章法的堆砌，食之无味的鸡肋。

1. 换了马甲的简报

很多政务号就是把单位里的简报内容放到公众号，输出公众号内容时，从自身宣传需要出发，把工作内容一股脑地发上去，导致公众号成了电子版内部简报，可称之为换了马甲的简报。

简报的属性是对内，公众号的属性是对外，这就决定了公众号在内容选择、表达和角度方面与简报是不同的。然而，很多政务号在到底是给用户看还是给内部员工看之间摇摆不定，其本质还是缺乏用户意识，融合媒体时代，缺乏用户意识就注定失败。

前文提到，内容定位是通过持续不断、有特色的内容输出，在用户心中构建起鲜明识别度的人设和长期信任感。

一次次"无主题"式的内容输出，会造成用户对平台内容的模糊认知，想"占领用户心智"就非常难，更奢谈在用户心目中树立独有的形象和口碑。心中没有用户，又何谈"在用户心中构建鲜明识别度和长期信任感"？

2. 换个方式的自嗨

很多政务号内容成为部门吹嘘自己和邀功请赏的地方，过度宣传"好人好事"和"工作成绩"。

如果只是将公众号当成单位内部宣传的自留地，广大用户为什么要关注？如果说"换了马甲的简报"是内容选择定位出现了偏差，那么"换个方式的自嗨"则是在内容表达定位上出了问题。

3. 少有章法的堆砌

如果一次推送多篇内容时，很多政务类公众号会站在自身角度，将内容分主次，而不是站在用户关心和关注的角度去厘清主次，进行推送。同时，秉承"有什么就推什么"的原则，并没有站在公众号定位的高度去选择内容。其实，在内容编排上，即使是"拼盘"，编排合理也是可行的，这需要找到内容与内容之间的有机联系，找到内容与用户之间的有机联系，找到每一条内容与政务号定位之间的联系，做一个统筹安排。跟传统媒体时代版面设计和版面内容的编排一样，组织内容输出时，有明确的定位，内容编排的章法也就有了，这样就会形成一种合力。

4. 食之无味的鸡肋

由于不懂公众号内容定位，或者没有做好公众号内容定位，常常是看的人叹气，办的人无力，很多政务类公众号最后成为食之无味的鸡肋。

抛开单位重视程度，政务类公众号办得不理想，首要原因是公众号定位出现了问题。

相较于政务类公众号，企业类公众号希望通过公众号平台建立良好的品牌和产品形象的自身动力更强。然而，虽然倾注了很大的人力和物力，企业类公众号办好的也不多。同样，个人公众号创办初期会倾注精力去创作内容，通过各种渠道营销。走着走着，会产生一种无力感，"到底什么样的内容会引发关注和转发"一直萦绕在心里。付出了时间和精力却不见成效，很多人会选择知难而退，却不知是定位出现了问题。

当然，有些单位的简报类内容也极具传播性，比如"中纪委公众号"。从定位原理出发，"中纪委公众号"的极致内容(独有、独特)的输出就是其内容定位。"中纪委公众号"发布的内容极具传播性和传播价值，自然能与广大用户产生极强的黏性，于是可以利用这个阵地做更多的事，影响力也就更持久。

当然，绝大多数政务类公众号无法做到这样的"内容极致"，那就必须具有自己的"特色"。

(二) 内容定位的"万水千山"

内容定位，具体来说要做好四个"最"，分别是"最自己""最窄化""最坚持"和"最服务"。

1. 最自己

内容定位过程虽不会像找到人生定位一样经历如此漫长的旅程，但也需要经历千山万水，有时还需要经历柳暗花明，最终才能找到"最自己"。

个人自媒体要实现发展，具有竞争力，关键在于找到自己的"最擅长"和"最兴趣"，首先，在自己熟悉的领域或赛道成功的几率会大很多；其次，兴趣是最好的老师。如果抛开"最擅长"和"最兴趣"，哪个赛道容易成功就打破头挤进去，结果一定是得不偿失。

单位自媒体则要根据单位自身的优势和特点，寻找属于自己的内容定位，而不能与同类型单位在内容选择和制作、输出方式上都极为雷同。如果没有"与众不同"，想让单位自媒体异军突起、有所作为也是困难重重。在众多的"宣传"中，"浙江宣传"的成功值得我们思考。同时，单位自媒体还要明确"你是谁，为了谁，依靠谁"。

明白"你是谁"就是找到自己的优势，充分挖掘内容的"独特性"，从而达成目的；"为了谁"就是用户定位，要找到目标用户是谁，用户需要和喜欢什么样的内容。机关事业单位的信息很多是一手的，与特定用户有很强的黏性，如果在内容选择和表达上没有用户意识，尤其是有非常好的内容却不对其进行精加工，就无法形成自己的内容特色。比如，发布重大民生政策时只是一股脑地把文件整个放到公众号上，就算在时间上抢了先，也无法与那些对内容进行精加工或者精心包装的媒体竞争，陷入先上船后上岸的窘境；"依靠谁"就是如何让内容与用户形成互动，通过创新运营方式，提高用户参与积极性，培育平台与用户共成长的良好生态。

同样，主流媒体构建内容平台也得围绕"最擅长"和"最兴趣"来做内容定位。比如各大省级报媒和各大省级卫视的新媒体平台。

省情不同、媒体状态不同、人才结构不同等都会导致转型时的突破方向不同，如果只是一味采取拿来主义，很可能落入东施效颦的窘境。总之，只有通过全方位探索，才能最终找到自己的"最擅长"和"最兴趣"，从而做到"最自己"。

在内容定位过程中找到"最自己"是个异常艰难的过程，需要上下求索，也需要不畏浮云遮望眼，虽然允许试错，但不能一错再错和一错到底，在媒体形态迭代迅猛的时期，早点找到属于自己的正确定位，才有可能赢得主动，尽快走入良性发展轨道。

2. 最窄化

内容定位的窄化实践与广告定位原理相当契合，最鲜明的例子是毛肚火锅——巴奴。

2020 年，火锅行业曾经做了一个品牌榜，第一名是海底捞，第二名是一个台湾火锅，第三名是毛肚火锅——巴奴。暂不论这个品牌榜是否科学，但毛肚火锅一不小心获得第三时，惊掉了一众人下巴。

巴奴干了一件事：把火锅中的毛肚拿出来说话。最终形成了一个独特的认知：在面对众多火锅品牌难以选择时，一些人会因为毛肚而选择巴奴，即使品质、口味、价位、服务等没有做任何改变，在一众火锅品牌的竞争中，巴奴火锅在人们心中有了"毛肚"这个鲜明的定位。

巴奴定位的成功就在于窄化到毛肚。

同样，"六神磊磊读金庸"的定位也是一个不断窄化的过程。

"六神磊磊读金庸"的定位最初是"吃他娘，穿他娘，开了大门迎闯王"，然后是"最有趣的读书号"，再是"读书不要竖着读，让我横切开给你看"，最终到了"众所周知，我的主业是读金庸"。

窄化到"读金庸"后，内容的敏感度得到提升，给了读者一个独特而鲜明的印象，即便写作风格、题材等没有太大变化，因为定位成功，"六神磊磊读金庸"一夜间涨粉不少，一炮而红。

与"六神磊磊读金庸"定位经过了同样窄化过程的是"亿邦动力"。

"亿邦动力"2007 年注册，2016 年悄然上市，主要业务是广告联盟、专业会展、研究报告、电商社区。

"亿邦动力"成立初期，做内容时也做了很多版面，虽然也取得了不错的成绩，但始终比不过艾瑞(咨询、数据)、派代(社区)、易观(报告，电商的解决方案)。经过很长一段时间的方向调整，"亿邦动力"最终选择了"电商资讯"——专注于电商领域的情报级新闻，在最小的领域实现了突进。这个定位过程很漫长，也走过了很多的弯路，所幸通过窄化，"亿邦动力"找到了属于自己的正确定位，最后获得成功。

窄化也是人们常常挂在口中的"专业化""分众化""小众化""差异化""垂直化"理念的践行。

从以上三个案例可以看到，内容定位的过程同样经过了"昨夜西风凋碧树，独上高楼，望尽天涯路"、"衣带渐宽终不悔，为伊消得人憔悴"、"众里寻他千百度，蓦然回首，那人却在灯火阑珊处"三步。

融合媒体发展初期，很多自媒体包括主流媒体转型都经历过如何定位这一艰难的抉择，敢于选择窄化的还是少数。其实，传统媒体时代，许多媒体定位的窄化过程已经发生，比如湖南卫视的"青春"、江苏卫视的"幸福"。都市类报纸也有属于自己的"窄化"，比如，曾经的都市类报纸《楚天金报》就在情感方面进行深挖，从而在较短时间内在都市类报纸中冲出包围，占领市场。

3. 最坚持

锲而不舍，金石可镂。然而，坚持是一件相当难的事。

"最坚持"就是有了明确的定位后坚持下去，"牛弹琴"的成功可谓"最坚持"的代表。

"牛弹琴"给自己的定位是"最睿智地解读国际风云，财经要闻，传播正能量"，在定位上的坚持成为其非常鲜明的特色。

从关于他的采访中可以看到他的坚持。

关于表达，他说：不要一本正经，要轻快幽默；不要平铺直叙，要娓娓道来；不要做转述者，要做讲述者。他一直坚持属于自己的文风，而且给人印象非常深刻，每天早上起来读他的文字就如跟他在对话，感觉轻松，还能够很好地形成共鸣。

关于广告，他说：也有不少广告找上门来，开出让人心动的价格，但一看就是很不靠谱的东西。有的钱，昧良心的钱，打死也不能赚。

其实，这就是对品质定位的坚持。

关于标题：新媒体时代，标题基本是折叠的，内容再精彩，标题不能打动人，再好的内容也无法传播。做标题有一些讲究，如果标题很啰嗦，大家就没兴趣阅读了。把标题做得很灵动，点到不说破，留一点韵味，反而更有传播性。

这是对专业性的坚持。

关于态度：需要一锤定音就态度坚决。关于国际时事和一些重大的财经新闻，在网上充满了太多的"含糊其辞"和"公说公有理，婆说婆有理"，即使"有态度"，多半是些"愣头青"或"故意为之"，从"需要一锤定音就态度坚决"可以看出"牛弹琴"坚持的不易和可贵。

关于创新："刚刚体"一时风靡，同时，"一字标题"特立独行。创新多源于基础理论的创新，从中也可以看出新华社的功底和不断创新的精神。

于是，一早醒来读"牛弹琴"，晓知天下最大政经事，而且有事实、有观点、有态度、易懂……不读总觉得少了点什么。

《南方周末》公众号的坚持可以说"很有自己的一套"。其内容定位可以用"不一样的烟火"来形容，基于的原则是：一旦《南方周末》也开始撒娇卖萌，一味迎合，那还叫《南方周末》？

进入融合媒体时代后，《南方周末》公众号有了属于自己的不变与变，关于《南方周末》的公众号定位，也有两个"不变"。

第一个不变是坚持发长文。

在喜欢消费信息快餐的当下，大多媒体机构在微信端发布的内容趋向轻悦化，努力贴合碎片化阅读。《南方周末》却坚持在微信端发布深度长文。在《南方周末》的运营者看来，只有这样才能生产出生命周期更长的精品。

《南方周末》的"不变"不是因为懒惰，而是因为承载了太多忠实读者的期待。从定位原理来看，这就是用户定位的坚持。

第二个不变是保证"南都品相"。

在《南方周末》看来，用户是因为对其出品的信任才关注公众号的，因此它不是一个以娱乐为取向的平台，而应该有所担当，保证南周的"品相"就成为《南方周末》新媒体运营的出发点和落脚点，市面上流行的新媒体运营经验会在那里"水土不服"。

除了两个"不变"，《南方周末》公众号还有六个"变"。

第一，少量输出。深度内容发布得过于密集，对读者的承受力会是个挑战。拥有每天三次推送权限的《南方周末》，基本保持着一天不超过两篇推文的频率，就是为了让读者能更专注于精选的优质报道。

第二，精准输出。

——面向学生群体。一篇名为《精致的利己主义者和常青藤的绵羊》的评论批判分析了美国名校的教育机制，每逢留学申请季都会再次出现在学生群体的朋友圈。

——面对体制内群体。《公务员工资条里的秘密》详细介绍了公务员加薪政策，尽管那篇文章的写法实在繁琐，但是体制内语境的人都能读懂，文章戳准了这一用户群的痛点，文章迅速突破"10万+"。

——面对知识分子群体。

明晰了读者群后，每到周四出刊日，拿到报纸的微信编辑就可以有的放矢地选择要推送的内容了。

第三，周期推送。将独家新闻和重磅报道在周四推送，至少推送两篇，随后几天再根据读者的反馈来调整排稿节奏。原因是用户的阅读兴趣呈周期性规律：周五下午严肃报道的传播效果肯定是最差的，于是在周五到周末推送一些影视、娱乐类稿件，等到周一再安排深度文章。

第四，旧稿新发。新加坡政治家李光耀去世之际，在十几篇相关旧稿中，选择了一篇分析新加坡政体的评论文章进行推送，收获了不错的传播效果。在张国荣逝世 15 年忌日，将《南方周末》之前关于张国荣的报道重新整合发布。其中，《张国荣：我就是不一样的烟火》组稿达到了 70 万的阅读量。

第五，螺蛳壳里做道场。一般情况下，新媒体编辑会对纸媒内容进行大幅改动，将内容改造得更符合微信平台。然而，《南方周末》稿件的新闻内核埋藏很深，一旦调整内容就会有偏离事实的风险。因此，公众号的编辑很少会对报纸内容"动刀"，标题和导语就成了"螺蛳壳里做道场"的方寸之地。

《南方周末》微信公众号编辑说："关于标题，大家心照不宣的是，绝对不会使用感叹号。即使有一些特稿报道的事件是比较惊悚的，我们也肯定不会使用血腥的标题，相反还会更节制一点。"总之，不能给人"标题党"嫌疑。

比如，关于整形行业的报道，会提取"美白针"这个元素放在标题中；微店销售监管问题的调查会选择"朋友圈卖面膜"这个情节打头阵；为弱势群体发声的评论版文章的标题则保持鲜明立场：《谁的孩子上北大？》《公主可以堕胎吗？》《大智慧与学历高低无关》……这些调查文章虽然都是深度报道，很长，不怎么适合手机端阅读，但是当文章标题与用户利益和情感取得了"血肉联系"，就可以吸引大家去点击，并带着对观点和态度的追寻读下去。

第六，绝不玩弄大家。"即便你连 5 分钟的时间都没有，我们也会在导语中提纲挈领地总结文章的主要内容，让你可以高效地获取信息。"这也是一种为读者服务的态度，是对用户的尊重，希望通过这种方式让读者快速获取更多信息。

4. 最服务

无论平台如何演进变化，内容永远是王道，关系永远是核心，服务永远是根本。——闫永（国家发改委信息中心副主任）

除了做好"最自己""最窄化"和"最坚持"外，进行内容定位时，还有一个容易被忽视的关键词，那就是"最服务"。媒体提供的本就是信息服务，如何将媒介信息服务做好、做到极致则是定位方向或路径。

内容定位时，"最服务"有广义和狭义两种。

（1）广义的"最服务"：新闻+政务商务服务

广义的"最服务"主要体现为"新闻+政务商务服务"模式，针对的主要是由主流媒体搭建的新媒体平台。

2020年，中共中央办公厅、国务院办公厅联合印发《关于加快推进媒体深度融合发展的意见》（以下简称《意见》），《意见》提出，主流媒体要发挥市场机制作用，增强市场竞争意识，探索建立"新闻+政务商务服务"的运营模式。

相关研究指出，"新闻+政务商务服务"对主流媒体来讲既是机遇又是挑战。

从机遇层面上讲，主流媒体有望在"新闻+政务商务服务"道路上，通过激活市场机制，打破媒体融合中的行政壁垒，真正实现顺应新媒体技术逻辑的深度融合。

从挑战角度看，在政策利好的情况下，若主流媒体仍无法在承接政府采购业务、拓展产业发展与服务民众的过程中有效实现价值增值，很可能会失去证明自身市场价值与拥有"造血"功能的最后机会。

就"+政务"来看，互联网在给媒体提出新挑战的同时，也给政府提出了新的挑战，譬如智慧城市建设、网络舆情治理、版权治理、互联网教育、大数据开发与应用等，政府在解决这些新问题时需要借助外力，这就为主流媒体实现价值提供了机会。

就"+商务"来看，一方面，主流媒体需要为广告主提供包括活动策划、精准投放等在内的品牌整合营销服务，深度介入广告主的品牌建设；另一方面，主流媒体还可以开发自有文化产品，成为独立的文化产业运营者。

就"+服务"来看，主流媒体除满足民众获取新闻信息的需要外，更要满足其生活资讯、参与内容生产、分享等需要。

相关研究指出，从目前既有的成功经验来看，成功的"新闻+政务商务服务"运营模式虽各具特色，但亦体现出共性，这些共性指出了成功实现"新闻+政务商务服务"运营模式的可能性。

首先，具体运营模式的选择建立在既有资源优势之上。

在"新闻+政务""新闻+商务""新闻+服务"三条路上都有一些佼佼者，以人民日报为例，该报作为中央级党委机关报，既深入中国社会的各个角落，又上达中央，且拥有良好的公信力，因此，既可以"+政务"，为各级政府部门提供舆情服务，又可以"+商务"，与企业合作推广联名款产品、打造与开发文化IP等。又如，芒果台一直走在文娱行业的前端，积累起丰富的IP运营能力与资源，这些既有资源助其顺利开启"舆论引领者、IP创造者、平台竞争者、渠道建设者、价值实现者"五位一体的全媒体发展新格局，旗下的资本运营平台芒果超媒已成为芒果生态圈中极为重要的一支驱动力量。

若要走出一条属于自己的"新闻+政务商务服务"路径，就必须躬身自问"我所拥有的独特资源是什么"，是行业的特殊关系、资本运营的经验、具有前瞻眼光与强大关系协调能力的领导，抑或是别的什么？

其次，导致"新闻+政务商务服务"深度融合实践出现分野的原因。

从实践上看，排除"占先优势"媒体的竞争，其他站在同一起跑线上的主流媒体在"新闻+政务商务服务"道路上有的成功、有的举步维艰。造成此种分野的原因在于：

微观方面：是否建立起与市场相适配的组织机制？

"新闻+政务商务服务"的成功个案，往往在组织层面已建立起市场化的人才引进制度，薪酬、晋升、考评等激励制度和利益分配制度。而那些不成功的主流媒体则缺少上述机制，这种"心已游走市场，但身体仍在市场外"的尴尬情形难免导致"进人难，留人更难""融资难"等难解之症。

中观方面：是否在现有市场结构中位居有利位置？

一方面，四级办台、三级办报与行业媒体相交织的媒体布局对市场切分过于琐碎。另一方面，互联网的基本逻辑是赢者通吃，中层或基层主流媒体既面临中央级、省部级等上级融媒体对基层市场的"虹吸效应"，又遭受综合性互联网平台的竞争。上述结构性因素导致部分主流媒体尤其是基层主流媒体难以找到足够的市场支持空间，只能隐在公益事业单位的身份中，寻得暂时的庇护。

因此，在落实"新闻+政务商务服务"运营模式时，一则需要明确市场是否给自己留出足够"起舞"的利基空间；二则需要有做好组织层面制度建设的决心与魄力。

(2)狭义的最服务："大而特"和"小而美"

不同类型媒体在"最服务"上会有不同的掘进方向和空间。

主流媒体和市场化媒体，大众媒介和专业媒介，传统渠道和数字渠道等都会立足平台自身优势和特点，根据用户群的不同，围绕如何精准地服务好用户，在"最服务"上做不同的探索。

相较于广义的最服务，不同的内容平台有属于自己的服务定位，这是一种狭义的"最服务"。

探讨不同平台在内容定位上如何做好"最服务"时，可将内容平台分为大平台和小平台。"大平台"指向的是"平台之大"和"大众化信息服务"，"小平台"指向的则是个人和非媒体创办的自媒体平台。

首先，看看大平台的"大而特"。

"平台之大"与"大众化信息服务"是相伴相生的。大平台大多有较强的实力，可以做到规模化运营，从而也有能力将自己打造成综合信息服务提供商，比如"今日头条""腾讯"等，以及主流媒体打造的新媒体客户端。

很多"大平台"的内容定位经过了千淘万漉始见金的过程，遵循的是提供"大服务"的同时最大限度打造特色信息（内容）服务，可以简称为"大而特"。就如传统网站发展如日中天时，有人因为凤凰网的读书频道选择凤凰网；新媒体时代，因为喜欢看"向往的生活"而关注芒果 TV……

大平台的"大而特"中的"特"指向的就是定位原理中的"与众不同"。一些"大平台"之所以能够获得发展，都是"大而特"内容定位使然，比如，"今日头条"的"特"就是它的算法；微博的"特"是"话题"；微信的"特"是朋友圈……大平台如果没有属于自己的特色，很难在激烈的竞争中被用户选中。

"大而特"也是遵循广告定位的相关原理，比如，很多人选择"海底捞"，看中的是海底捞的服务特色，品质定位则是其次。进行内容定位时，选好"特色"很重要。比如，湖北潜江多年来一直打"曹禺故乡"这一特色名片，最终，却是龙虾让潜江一夜出圈。可见，找对"特色"事半功倍，找错"特色"往往就会事倍功半。

找到"特色"不是一件容易的事，很多省级媒体打造的客户端就会遭遇这样的难题。芒果 TV 也是经过各种尝试探索，投入巨大的精力和成本才开始盈利，而很多省级主流媒体既不如湖南卫视"财大气粗"，内容原创力和受欢迎程度又无法做到湖南卫视那样"傲立群雄"。

仅凭这两点，省级主流媒体推出的综合类 APP 想要实现品牌盈利，难度会大得多。唯一的突破方向就是"特"，而不是用一句"让你第一时间了解省情"来定位。

"特"可以是非常有特色的栏目，通过特色栏目达成内容的"与众不同"。比如，同样是市民类的都市报，如果某个版面在同类报纸中具有较大市场，拥有大量读者群体，就能吸引更多用户订阅。同理，融合媒体时代，人们往往会因为内容板块中某个内容对其有足够的吸引力，就会引发关注。

省级主流媒体客户端做好"特"并不易，但这又是当前省级主流媒体客户端突围的方向，要放在生命线的高度去对待才行。

其次，再来看看小平台的"小而美"。

在人人都有麦克风和万物皆媒时代，自媒体勃兴。

如果说广义的"最服务"是对大平台制作信息大餐的要求，那么狭义的"最服务"就是制作开胃小菜的要求。

相较大平台的"大而特"，小平台的"最服务"就应是"小而美"。一般来说，政务类新媒体和企业类新媒体平台可归为小平台。

第一，政务类新媒体：全心全意为人民服务。

政务类新媒体平台找到科学而正确的内容定位非常重要。一是政务类新媒体体量大，是一股不可小视的力量；二是政务类新媒体往往很难找到属于自己的科学定位，无法释放出应有的能量。

如果政务类新媒体平台能够从"换了马甲的简报""换个方式的自嗨""少有章法的堆砌"和"食之无味的鸡肋"中跳脱出来，成为内容生产和服务的主力军，就可以释放出其应有的能量。

其实，跟个人创办的自媒体相比，政务类新媒体平台有许多得天独厚的条件，单从硬实力上看有以下几个方面的优势。

首先，相较于个人自媒体来说，不是单打独斗，最初的用户积累相对容易得多；其次，组织力、号召力更强，不同单位都有属于自己的影响力和辐射力，拓展用户和组织内容相对来说也更容易；最后，政务类新媒体在单位里大多设有专门的岗位，且没有运营成本压力。

利用好组织的优势，在去中心化生态中重构关系链、服务链和传播链，通过单位的辐射力和影响力，充分搞好合纵联盟，在起步阶段就可以有很好的先发优势，发挥更大的作用。

政府职能部门的宗旨是为人民服务，政务类新媒体平台的宗旨必然也是为人民服务。

在融合媒体时代，站在为人民服务的高度，平台内容不能过于潦草，或者形式主义。

"我是谁，为了谁，依靠谁"不仅是一个哲学命题，应该也是政务类新媒体的战略定位，政务类新媒体必须心中装着人民，装着用户，肩扛责任，这样才能真正做好政务类平台的内容定位。

国务院国有资产监督管理委员会新闻中心副主任闫永在《政务号企业号：要权威不要官话》中提到的5个转变值得大家参考：从危机管理者到问题预防者；从事件传播者到价值分享者；从形象展示者到关系管理者；从信息报道者到内容分发者；从机构工作者到机构生态培育者。

这5个转变是对运营提出的要求，也倒逼内容选择和内容表达角度进行改变。

"从危机管理者到问题预防者"需要在选择内容和运营时能够对危机有相关预判，适时做好相关引导，通过传递的内容信息与用户达成理智和情感方面的深度沟通，这样危机来临时，不至于临时抱佛脚，稍有不慎就形成难以收拾的局面。

"从事件传播者到价值分享者"需要在内容生产时，对事件的价值进行挖掘，适时输出平台的相关理念和价值观，促成用户对平台理念的认可，并形成内在互动，而不是简单地一报了之。

"从形象展示者到关系管理者"要求不能单纯地展示形象，而是通过形象展示、内容的输出，做好与用户的关系维护和沟通，与用户形成利益共同体，形成全方位的互动，提升内容输出效能。

"从机构工作者到机构生态培育者"倒逼内容生产时要有机构生态意识，在内容的选择和包装上有生态观，主要体现在服务意识上的提升。比如，单位成绩或成就与用户有各种内在关联，如果只顾着自嗨，不在内容输出角度上靠近用户，不将成绩与用户进行有机关联，导致用户无法直观感受到"成绩价值"，你的成绩就会被用户漠视，与用户之间的黏性和互动也就无法形成。

打个简单的比方。单位年终开总结大会和评先，如果只是把总结大会的信息发布出去，而不是将总结内容与用户之间的联系找出来，不把先进人物和先进事迹与用户之间的关系找出来，用户就很难感知这个年终总结与他们有什么关系，也就很难形成关注和关心了。

年终总结、先进人物和事迹与用户之间是有很多关联的，一旦找出来，年终总结内容的输出就可以脱胎换骨，就有可能与用户之间产生很好的沟通，最终达成认同，进而产生思想和行动上的跟随。

如果只是将年终总结稍微改头换面就推送出去，用户完全不关心和关注，公众号的影响力从何而来？没有了影响力，"让公众号成为宣传阵地"就会渐渐成为一句空话。

与此同时，一些政务类公众号在内容创作方面只是为了完成任务，简单地将内容复制粘贴上去，就成了没有态度的叙事，没有故事的宣讲，没有服务的传递和没有话题的传播，内容呈现粗糙甚至原始，内容价值根本无法得以呈现。

在为人民服务宗旨的指引下，在做好以上工作的基础上，发挥党"依靠群众，发动群众，服务群众"的优良传统，政务类自媒体就没有办不好的理由。

政务类新媒体目前办得不尽如人意有机制和体制方面的问题。

很多时候，政务类新媒体没有市场化或者难以市场化运营，导致办好政务类新媒体缺乏一些内生动力。然而，机遇是给有准备之人的，有为才有位。如果政务类新媒体能够站在国家层面，站在新时期舆论引导的高度去重视自身平台建设，办好新媒体不是难事。

第二，企业类新媒体：着力故事和活动驱动。

企业类新媒体大多为经营性质，很多企业将自己的新媒体平台定位为"营销宣传自己的品牌和产品"，这其实不叫定位。

企业类新媒体平台大量充斥着具有诱导性和自吹自擂式的宣传营销，"自己如何如何好""产品如何如何好""企业员工如何如何好"等内容很多，再就是企业荣誉之类，同时，很多产品和品牌宣传拐弯抹角，美其名曰蹭热点。

想要通过这样的内容输出助力企业、产品和品牌形象的提升几无可能，因为输出的内容与用户几乎没有关联，还会落入形式主义的俗套，太过空洞的宣传或是转弯抹角地蹭热点，都难以获得用户的认可。

比如，医院类新媒体平台报道手术时，本可以实事求是地报道，非得夸张渲染，标榜各种"顶尖"；报道自己的服务时，恨不得牛皮吹上天，把所有好词都堆上去；本来一件很小的事，非得上纲上线等。

做企业类新媒体内容定位时，不妨先给自己定一个"原则"，一个"遵循"和一个"角度"。

"一个原则"：一句话说不清楚的定位等于没定位。

"一个遵循"：员工都不想转发的内容没有传播价值。

"一个角度"：不要自己说自己好，要让用户说你好。

"原则""遵循"和"角度"有一个统一的指向就是"宣传意味不要太浓"，而是要摆事实讲道理，最大限度淡化宣传色彩。

在做好"一个原则""一个遵循"和"一个角度"时，企业类新媒体内容定位还得走好以下这三步。

第一步：摆事实讲道理。客观真实地将企业信息有效传递给用户，而不是满嘴的宣传味，导致信息传递遭遇逆反。

第二步：故事化表达。将企业中有关产品和品牌的发展过程进行故事化改造，通过故事传递企业的价值观和理念等。

第三步：常态化活动。不断创新和组织与品牌理念、企业价值观贴合的活动，通过活动吸引粉丝，留住粉丝，引领大家参与企业发展和建设，最终把粉丝转化成意见领袖。

企业本身的很多信息（内容）并非用户关心的，很难与用户产生黏性，这时遵循摆事实讲道理，将有效信息传递给用户即可。在宣传总是各取所需，唯有故事永流传的情形下，故事化讲述或故事化表达不仅容易被接受，也更利于传播。企业号离不开产品和品牌营销，常态化地组织活动既有利于吸引和留住粉丝，还可以通过活动来营销自己的产品和品牌。

还是以医院为例。除关注手术案例、重大举措等新闻性信息传播外，还可以通过一些小故事娓娓道来，加强用户对医院和医生的了解。

医院是最出故事的地方，且跟生死有关，极具传播性。宣传科室时，没必要非得好人好事，可以写科室医生和患者的日常故事，写医生的故事或患者的故事。这样的故事每天都在发生，可谓信手拈来。故事多了，人们对医院、医生的印象就立体起来了。

报道手术时，也不用每次写手术难度，可将重点放在手术中的人物身上，写手术中的情感、态度、付出等。

电视剧《关于唐医生的一切》里的主要角色经常在做手术，但真正着墨手术本身难度的篇幅并不大，观众却能在手术时发生的各种情感故事中，对手术的难度和精湛有所了解。

其实就是让故事带着品牌飞（具体在"故事"这一节中分享）。

虽然很多企业没有那么多值得传播的故事，但也可以故事化表达。比如，写药材的地道，就可以写寻药人万水千山寻药的故事；写酒的品质好，可以写酿酒人孜孜以求品质的故事等，此逻辑跟当下互联网上流行的"写什么不写什么"有着异曲同工之妙。寻药人的故事和药材地道的广告宣传，宣传酒的品质和酿酒人的故事，效果可谓高下立判（文后附案例）。

当企业的各种故事素材和硬信息不足以支撑所需要的内容时，可以通过活动营销来驱动。

活动营销是指企业通过介入重大的社会活动或整合有效的资源策划大型活动而迅速提高企业及其品牌知名度、美誉度和影响力，促进产品销售的一种营销方式。

活动营销不但是集广告、促销、公关、推广等于一体的营销手段，也是建立在品牌营销、关系营销、数据营销的基础之上的全新营销模式，可以起到提升品牌影响力、提升消费者忠诚度、吸引媒体关注等作用。

作为企业类新媒体，在诸多优势还不具备的时候，与其做一些宣传内容，还不如旗帜鲜明地做活动，用活动吸引用户、黏住用户，激活用户的创造力和传播力。活动营销不仅可以起到宣传产品、企业和品牌的作用，还能与粉丝形成长期的良好互动，成为企业新媒体平台务实且制胜的法宝。

首先，在新媒体平台集中精力打造一个品牌活动并持续输出，不断助力提升品牌和产品的影响力；其次，不断推出各种具有黏性和品牌调性的小活动，将粉丝吸引进来并形成稳定的用户群，极大地提升企业新媒体平台的影响力。

总之，内容定位成功后，内容创作还得围绕"路径""标题""故事""互动""活动"等方面进行全方位的重塑和掘进，最终促成内容的蝶变和价值的提升。

趁年轻 经一段草本苦旅 然后，一辈子从容不迫

"时间的力量只能靠着体力慢慢去爬、去体会，不能拿着一张照片轻松地去看。一轻松，全都变味。"

每次出发都不知道什么时候可以回来，

每次出发都不知道路上是否会发生意外。

大学毕业就踏上寻药的旅程。一走，就是5年。

未来得及褪去稚嫩，尘土就铺满身。

胡辉的寻药故事一直有传说。他应是憨憨倔倔的？

在尚是年轻时，只有憨憨倔倔的人，才耐得住这一路的寂寞吧。

5年，不知道走了多少公里，只知道，全中国只有三个省份没跑到。

走的都是乡村土路，有些地方可能在地图上难以找到名字。

因为环境污染，很多药材自身都病了，他要去到远山更深处才行。

路不通，语言不通，十里不同俗……

一个人坐飞机，一个人坐火车，一个人坐乡村的摩托车……

一路，一个人。现代寻药人最要紧的是抵挡一路寂寞的啃噬。

刚坐在摩托车后面驶过一座桥，桥就塌了。

一身冷汗，前路还漫漫。

就这样一直一直用体力去走，不放过能够产出好药的一丢丢地方。

终于，在全国各地建了14个属于劲酒的药材基地。

然后，当宝贝一样地保护起来。

一路伤痕斑斑，而身心犹健。见面一看，好俊秀的小伙。

根本看不出35岁的样子，更没有憨憨和倔倔。

淡淡的笑容，给人温暖踏实；干净利落，身上不见一丝尘土。

如此青春逼人，应该是身体一直在路上，才没什么亚健康吧。

让他说件印象深刻的故事，他却说了同事的事。

先坐飞机到成都，然后乘长途汽车到阿坝州，再换乘短途汽车去小金县，再搭乘当地的小面包车去达朗，再坐摩托车到山脚下，最后，租一头牦牛，让牦牛驮着，抵达海拔4550米处。

为找到最好的红景天，劲酒寻药人一连换了6种交通工具，

一趟折腾下来"差点就交代了"。

他们说，为了一杯品质的劲酒，总得有人去千山万水。

一毕业就做了那么一件苦差事，会不会觉得心有不甘？他的很多同学通过卖药成了大款。

他笑了笑：我的时间在路上，财富也在路上，没有可比性。

趁年轻，经一段寂寞的苦旅，然后，一辈子就可以从容不迫。

这是多少钱都买不来的。

说这些话的时候，语气平稳。

像是在说着别人的故事，有一种令人羡慕的淡定和从容。

我想，一定是跟走了不少的路，经了不少的事有关吧。

有人说，男人最高贵的品质就是从容不迫，有人说，只有走在路上，才能摆脱局限，摆脱执着，让所有的选择、探寻、猜测、想象都

生机勃勃。

胡辉他们不怎么说，只是一直在路上，写了一本属于劲酒的《草本苦旅》。

"黄药师"与他的劲酒 AI

去远方（小安）

干什么啊

去远方

没有一个爱人

冬天又冷

又无趣得要命

我想待在家里

睡在自己的床上

那个远方

我每天想想

凄凉凄美

有一个人

走在路上

东倒西歪

风和雨就随便打她

看上去

也是凄美凄凉

初见端坐对面，有一说一，再聊很俏皮，语气跟这首《去远方》的调调很像。顶着一头稍显稀松的卷毛，婴儿肥的脸上架着一副黑边眼镜，背着很是年轻的双肩包，双脚走在路上很有节奏，人海中，一股不一般的潮劲会让你一眼看到他。

他是个熟了后让你觉得很有趣、很舒服的一个人。

他说做人要天真，做事要认真。我信！还想起了"晚来天欲雪，能饮一杯无"和"寒夜客来茶当酒"两句诗。

因为认识一个人，有了这么一份期待，挺好。

长了一张不显年龄的脸（婴儿肥），头顶国家一级品酒师的光环。

就因那张脸太显年轻，初见时，他说出的话与他的形象就很有违和感。

恍惚间，想起那句"小隐隐于野，中隐隐于市，大隐隐于朝"。

仿佛对面端坐的是一位世外高人或隐士。有点不真实。

小心翼翼闲扯，集中精力遣词。

生怕哪句话说得不当，一不小心就惹怒眼前这位高人似的。

临别时，与我随意地握了一下手，就扭头去干别的事。

留下我，匆忙撤退。

我试图以一己之力，找到一个真实的他。

回到办公室发现，带了采访本，一个字没记。

这注定是一次没有完成任务的采访。

微信里，把涂鸦的"他印象"传给他，想继续获得更多的感知。

他竟哈哈一笑，说我眼中的他有点像金庸笔下的天山童姥。

立刻，眼中的黄秀华突然很是天真地脚着了地，开始接近真实。

他今年 35 岁 (注：看脸不像)。

2018 年首届全国果露酒行业技能大赛上，他一举夺魁，国家一级品酒师的光环就这样罩在了这个尚显年轻的人头上。

新华社以《80 后品酒师黄秀华的美酒人生》为题报道了他。

父母都在食品厂工作。很小他就开始吃到很多小朋友比较难以吃到的各种食品。

也许是营养过剩，婴儿肥便成了他难以磨灭的标志，他告诉我，怎么锻炼都不行。

虽然从小吃遍了各种好吃的东西，唯独对酒充满敬畏。

"不理解为什么这么难喝的苞谷烧，父辈们却都视若珍宝，从不让他喝。"黄秀华的家乡是恩施。

不好说是阴差阳错，从中医药大学毕业后，他到劲牌酿酒了。

到了酒厂就要做酒事，学会品酒是基本功。

品酒，他是半路出家，但他想闻尽天下香。

每天待在被人称为"工作酒吧"的实验室，每周一次固定品酒时间，稍闲暇就和他的团队成员比赛品酒。

最终，他成了国家一级品酒师。

他说像他这样的技术人员有很多，很多人在沉淀和蛰伏，有人等待十年磨一剑，有人希望石破天惊红遍天，他只希望一步一个脚印，夯实内功，做好自己，总有一天会水到渠成。

很认真，给人感觉他是一个会武功的品酒大师。

他的微信名字就叫黄药师。

我试着打趣道：闻香识女人如何?！他说他是"恩施童姥"。

很天真的样子。

"恩施童姥"的功力确实非凡。

作为产品开发团队组长，和他的团队开发过很多劲酒产品。

目前最在意的作品是劲酒 A1。从研发到上市整整 7 年。

说起劲酒 A1，他忽然变得深情，很是认真。

就像劲牌深宫后院中的一个皇子，别人眼中，它只是安静地待在那里，身份尊贵，但作为开发者，A1 已烙上自己的痕迹，恍惚那就是自己，希望它真的好。

确实，劲酒 A1 曾经是神一样的存在。

如今的劲酒 A1 就是人们常说的原浆酒酿造，

经过了真正的 10 年陶缸陈酿。

里面还含有阿胶、蛹虫草、黑果枸杞、牡蛎、人参(人工种植)等，经过数字提取的 9 种名贵草本精华。

50 度的劲酒 A1，浓郁的酒香中泛着淡淡的草本香。

劲酒 A1 得以面向市场，得益于劲牌基酒陈酿有了时间的存量。

但是，劲酒 A1 不事喧哗，风情万种，与世无争。

为什么不像其他新品一样大规模地宣传打广告？

我俩互相递过探寻的目光。

"劲酒 A1 目前量产比较少，就让他自身的品质说话?"

会不会是这样?

"黄药师"没点头，也没摇头。

我便受宠若惊般地以为自己说对了。

多维度事实说话激发悬念

——微信公众号标题制作方法

"张牙舞爪的人，往往是脆弱的。"——石悦(《明朝那些事》作者)用这句话形容"标题党"再合适不过了。

"要让打胜仗的思想成为一种信仰；没有退路就是胜利之路。"——美军上将马丁·邓普西。将这句话用在数字媒体的标题制作上，可以是"要让取好标题的思想成为一种信仰，没半点退路"。

融合媒体时代，微信公众号的标题与内文是折叠状态，再加上信息的海量化，标题的作用被放大，标题制作领域也充斥着太多的欢乐与哀愁，有的互联网大厂曾出现过千人同做一个标题的壮观景象。

由于"标题党"搅局，融合媒体发展初期标题制作形式花哨、内容空洞，而关于"标题本身的要义"和"标题到底是用来干什么的"越来越模糊，很大程度上增加了标题制作者的困惑。

相较于传统媒体时代的标题制作，微信公众号标题制作方法的寻找离不开"海量"和"折叠"这两个根本要素的变化。欲通过标题使得内容从海量信息中突围，标题的吸引力要变得更强。

探寻微信公众号标题制作方法时，有两个现象值得关注：一是传统标题制作方法的失效；二是"标题党"的出现。

一、"好标题"的失效

以下标题是从一个公众号里复制下来的。这篇公众号推送对这些标题一一做了评点，评点中有许多关于修辞运用的溢美之词。

《建画里乡村 留梦里乡愁》《牵紧产业扶贫"牛鼻子" 鼓起贫困群众"钱袋子"》《构建创新创业"生态圈" 打造人才发展"新高地"》《农民吃上"文化饭" 绘画成了"拿手活"》《能人乡贤"搭把手" 脱贫攻坚"一起走"》《巧借信息化手段解民困 善用互联网营销促发展》《铁肩担民生道义 妙手著脱贫文章》《"大手笔"构建现代农业体系"绣花针"深耕富民兴村产业》《穿上文化"马甲"插上品牌"翅膀"》《念好"三字诀" 培育"领头雁"》《脱下"旧黑衣" 穿上"新绿装"》《城市大脑为应急防汛装上"千里眼""顺风耳"》等。

这些标题的修辞功夫都很不错，提炼也比较到位，在传统媒体时代称得上是好标题，但放在融合媒体时代，指望这些标题能吸引大家点开可能会事与愿违。

这类标题放在数字媒体上，可能会有读者不停发问：标题长得那么好看跟我有什么关系？一条道走到黑只宣不传？"抖机灵"的劲去悬念会怎样？涉嫌为了修辞而修辞？等等。

这些标题虽有才气但宣传味太浓，关键是标题中没有拎出广大用户关心和关注的"事实""信息"，而被"宣传味"迷了双眼是融合媒体时代标题制作的一大误区或者说急需突破的方向。

随着互联网的洞开，融合媒体时代的人们接收信息的渠道被彻底打开，相较于传统媒体时代，内容选择也从相对被动转向更为主动，导致融合媒体时代"要宣先要传"的重要性和必要性成为刚需。

本着要宣先要传的原则不难发现,这些"好"标题在融合媒体时代出现水土不服,除了宣传味太浓外,根本原因是没有做到"与我有关",没有秉承事实说话,没有拎出用户感兴趣的事实或"点"。

海量信息时代,内容与用户之间无法产生有效关联时,用户就会"没时间""没兴趣"点开这些内容。

二、"标题党"的失范

(一)"标题党"横冲直撞令人怀疑人生

融合媒体时代初期,为穿越"折叠"和冲破"海量",微信公众号标题制作最为代表性的现象是"标题党"的横空出世。

初期,"标题党"可谓攻城略地、势不可挡。

"标题党"表现形式大多为:央视曝光、高层揭秘、惊天秘密、绝对隐私、价值千万、千万别吃、还敢喝吗、赶快扔了、能害死你、尺度巨大、现场惨烈、惊悚一幕、差点丧命、大惊失色、胆战心惊、看后崩溃、令人发指、灭绝人性、彻底玩完、摊大麻烦、沦为炮灰、突然翻脸……

这些标题都是用极其夸张的手法来吸引大家点击和阅读,在融合媒体初期,这类标题几成灵丹妙药,屡试不爽。

再来看看以下几个例子,"标题党"做派无疑。

《小伙姓董被自己名字困扰 30 年,大妈一提起他就笑到岔气》,讲的是有个小伙子的名字叫董帅男的事;《浙江老人收菜地喊四五个人挖了一上午，抬出的稀罕物震惊众人》，其实挖出的就是何首乌而已；《女大学生从飞机上跳下失联，景区通报让人担心》，讲的其实是翼装飞行的事。

融合媒体时代初期，"标题党"的威力无法漠视。因能极大调动人们的兴趣，这些标题为点击率的提升可谓立下了汗马功劳。很多人虽然对"标题党"并不苟同，但看到其无法超越的点击率，也会开始怀疑人生。

（二）"标题党"行为可耻但逻辑不可耻

其实，"标题党"的制作逻辑没有问题，其本质是让标题具有令人好奇的成分或成色，吸引大家点开阅读，可以助其有效穿越"折叠"，而"好奇""悬念"本就是标题制作的任务和要义中的一部分。

制作逻辑没有错，为什么最终会被扫进垃圾堆？"标题党"的最终衰亡源于全民逆反和讨伐。

一方面，当"标题党"盛行，渐渐地，在实际操作中越来越失真，落入过犹不及的窠臼，成了谬误，被全民讨伐。另一方面，当太多人追捧"标题党"后，造成全民逆反，大家不再被"标题党"牵着鼻子转，扫一眼就知道是在危言耸听、移花接木，最终形成用户脱敏的局面。

从"标题党"带来的点击率虚妄也可以预料其结局。比如，"标题党"标题：《"大魔王"张怡宁解说乒乓球比赛遭现场观众呛声：你行你上啊！》点击率40%，分享0.04%，平均停留77秒。非"标题党"标题：《那些年所有张怡宁让过的球！她还透露了退役原因》，点击率20.5%，分享0.09%，平均停留148秒。

与"标题党"同期出现的，还有广告运营一味地追求曝光率。凤凰网一位负责人曾经这样说：我们身处在一个"曝光"和"效果转化"越来越重要的新营销时代，大家都在谈千人成本（CPM）、点击、转化、客户留存。但是，大量研究数据表明，那些大量广告投放、品牌曝光的营销，最后真正有效果，能够产生点击并实现价值变现，真正能促成用户留存的微乎其微。

无论是"标题党"还是片面追求曝光率的广告运营，最终指向的都是"虚妄"两字。

2020年疫情期间，一家医院的一篇微信稿获奖后，医院决定微信推送一下获奖消息。第一次发布时的微信标题是《"真逗"的获奖》。制作此标题的原因是，获奖消息中有一句话：当护士看到即将被接送去隔离的中年男子手中拎着一个塑料袋，袋中装了好多香烟，护士冲口而出：这人，真逗。

《"真逗"的获奖》推送后，单位领导看后说"真逗"二字不严肃，将标题改为：重磅！某某医院抗疫作品全国获奖。最终，《"真逗"的获奖》只在网上挂了一天，点击率为2445，《重磅！某某医院抗疫作品全国获奖》推送后，全院转发，点击率却只有1990，两个标题的点击率相差甚远。

与"标题党"同样遭受脱敏命运的还有一些涉嫌套路式的标题创新。

比如《BOSS来了！成团访汉，他们将与湖北共开新局》和《国际巨头组团来湖北！他们要这样干……》，讲的是很多大企业和大财团来武汉考察的事，如果按照传统的标题制作方法，估计点击率不太乐观，毕竟普通用户不怎么关心这些事，瞟一眼标题就放弃点击了。

这两个标题在那个特定时期可谓标题创新，但当人们再去复制这样的创新时，就不新鲜，不灵验了，看标题就能猜到内文写的啥，也失去了点开的冲动。

类似于这样的标题创新，曾经很清流，很快就老套，不再成为点击率法宝，只能归结为"技巧易碎，流行终难成经典"。不过，这些标题探索是值得肯定的，只是后期缺乏持续创新，没有适应用户不断变化的需求。

"标题党"和一些套路式的标题创新渐渐退出舞台后，互联网标题似乎回归常态。具体表现为，一是那些扯着嗓子喊的标题虽然还有，但不多了；二是很多涉嫌套路的标题创新不再灵验，在点击率上带给人强烈的挫败感，而真正称得上创新的可谓凤毛麟角。

(三)"标题党"污染标题制作生态

"标题党"虽然逐渐退出了历史舞台，却搅浑了数字媒体标题制作的水。

当"标题党"和套路式标题创新形成用户脱敏后，很多人进入标题制作的迷茫期，标题制作的莫衷一是局面开始出现，有关新媒体标题制作技巧的贩卖就多了起来。然而，仔细分析后发现，很多标题制作技巧只是个花架子，学以致用却是相当不易。

同时，融合媒体时代初期出现了标题制作的两个极端，一是固守传统媒体时代标题制作方法；二是认为数字媒体时代和传统媒体时代标题制作方法完全不搭界。其本质是心中没有一个好标题评价标准。

在一通八仙过海各显神通后，很多标题制作者制作完标题后会心里发虚，最后，只有"实践是检验真理的唯一标准"。

融合媒体时代，标题制作的正道和基本遵循是什么成为一个问题。

莫衷一是后，该"我想静静"登场。

三、"我想静静"的路径

但愿殊途同归，我跟你讲讲来时的路。

（一）回到创新基础理论中去

探讨融合媒体时代标题创新时，可从现代创新理论的提出者约瑟夫·熊彼特的创新理论出发，寻找标题创新的路径和方法。

熊彼特认为，创新就是要"建立一种新的生产函数"，就是要把一种从来没有的关于生产要素和生产条件的"新组合"引进生产体系中，以实现对生产要素或生产条件的"新组合"。有人将这一理论解读为"创新就是生产要素的重新组合"。

熊彼特的基本观点是：创新是生产过程中内生的，创新是一种"革命性"变化；创新同时意味着毁灭；创新必须能够创造出新的价值……

移植到数字媒体标题创新上，可以解读为：数字媒体标题创新是数字媒体标题生产过程中内生的，是一种革命性的变化，能够创造出新的价值才算得上是创新，同时，也意味着传统媒体时代一些标题制作思路和方法的过时。

如何从创新的基础理论出发做好数字媒体时代的标题创新？

首先还是要搞清楚融合媒体时代的标题制作和传统媒体时代标题制作的不同，从"折叠""海量"这两个形态的改变去找寻标题制作肌理。然后，将生产要素重新组合，进行一些革命性的改变，围绕"创造新的价值"，对标题制作理念进行质的改造。

(二)回到标题要义中去

标题，是标明文章或作品内容的概括性语句，通常指概括全篇内容，有时也指概括段落内容。

探索融合媒体标题制作创新时，如果过于强调数字媒体和传统媒体在标题制作上的"不同"，忘了标题本来的要义和功能到底是什么，就如一个忘了标题来时路的人。

标题制作靠的是提炼功夫，"标题党"在"提炼什么"和"怎么提炼"时总想着走极端，而忘了文章或作品本身要传递的是什么，并没有遵循"标明文章或作品内容的概括性语句"，最终给人的感觉是舍本求末。虽然张牙舞爪的"标题党"也能极大限度提升标题的提示功能，然而，走着走着就陷入极端情绪化，将事实的威力忘到了脑后，逐渐丧失了"用事实说话"的功能。

从标题本身要义和创新基础理论出发，融合媒体时代和传统媒体时代的标题制作应该是和而不同，不能过于强调"不同"而忘记了标题的宗旨，更不能困守于传统媒体时代的标题制作方法而忽视了"折叠"和"海量"对融合媒体时代标题提出的不同和更高的要求。

四、"事实说话"归来

(一)三种新的标题形态形成用户脱敏

"标题党"之后，为助力穿越"折叠"，一些新的标题形态不断涌现，不幸的是很快成为套路，最终昙花一现。比如，"叠字"标题现在已经鲜见，"掐头去尾"标题呈现在朋友圈时，也从最初的好奇点开变成了扫一眼走人。"掐头去尾"指的是为了制造悬念，将一些影响悬念的因素去掉，表现形式是将一个完整的句子掐头去尾。

仔细探究发现，"叠字"标题和"掐头去尾"标题这两个新形态标题本质上秉承的还是通过悬念营造，助力穿越"折叠"的逻辑。

文无定法，标题亦如此。在传统媒体时代，标题制作虽然有一定之规，但并不妨碍新的标题形态出现。

进入融合媒体时代，为何带有创新性质的"标题党"、"叠字"标题、"掐头去尾"标题等标题形态最终被嫌弃和放弃？

创新多源于基础理论创新。我们回到媒介传播的基础理论——使用与满足理论中找寻这三种新标题形态被抛弃的本质原因。

使用与满足理论将受众的媒介接触活动看作基于自身的需求动机来使用媒介。接触媒介的结果有两种，需求得到满足和没有得到满足。人们会根据满足的结果来修正既有媒介印象，在不同程度上改变对媒介的期待。

与传统媒体时代标题制作不同的是，因独立出现在页面上，微信公众号标题成为满足用户需求的一个显性而又最直接的载体。

在使用与满足理论研究中，2007 年，斯塔福德等人提到，互联网给人带来了三个维度的满足：媒介使用过程体验带来的满足，媒体内容带来的满足以及社会性的满足。Papacharissi 和 Rubin 在 2000 年发表文章 *Predictors of Internet Use* 指出，用户使用互联网来自以下几个目的：人际交往需求、消遣时间需求、信息获取需求、便捷需求以及娱乐需求。[1] 南京

---

① Papacharissi Z, Rubin A M. Predictors of Internet Use[J]. Journal of Broadcasting & Electronic Media, 2000(2)：175-196.

大学胡翼青教授在《论网际空间的"使用与满足理论"》中，通过实证研究提出受众使用网络主要有四个目的：一是获取有用的信息；二是宣泄自己的情绪；三是进行情感的交流；四是参与娱乐或打发时间。①

因为"折叠"，微信公众号标题与内文和版面语言之间缺少呼应，难以形成照应，就需凭借一己之力，最大限度地满足用户需求，才能催生点击的欲望，助力穿越"折叠"。欲望的达成最终又可以归为标题内容是否具有悬念，没有悬念，很难产生点击的欲望。

于是，从对需求满足的理解出发，微信公众号标题制作的逻辑线可以总结为：从"满足期待"到"穿越'折叠'"，再到"悬念营造"。

(二)悬念营造需注重事实说话

前面提到的三种新的标题形态都是在围绕悬念发力，却很快就陷入用户脱敏，无法再助力点击。从使用与满足理论研究中可以发现，这三种新的标题形态在"有用信息"的提供上非常欠缺。

为穿越"折叠"，"标题党"专注于迎合人们猎奇和好奇的需求，有着强烈的主观诱导倾向，甚至夸大和歪曲事实，奢谈提供有用信息。因此，标题点击完成后，用户对有用信息的需求不仅没有得到满足，还事与愿违。

"叠字"标题因其形式的动感、形象、口语化等，能与用户进行有效的情感与情绪连接，被业界争相仿效，也极大地助力了点击，比如《吃点杏杏杏杏杏杏，你就行行行行行行行》《好刺刺刺刺刺刺刺刺刺刺刺刺梨》

① 胡翼青. 论网际空间的"使用与满足理论"[J]. 江苏社会科学，2003(6)：204-208.

《咯咯咯咯咯咯咯咯咯咯咯咯哒》《霾霾霾霾霾北霾霾霾霾霾方霾霾霾霾霾》等。

很多时候，"叠字"标题有时比"标题党"提供的"有用信息"还少。比如《霾霾霾霾霾北霾霾霾霾霾方霾霾霾霾霾》仅交代了"北方"和"霾"这两个"有用信息"，而《吃点杏杏杏杏杏杏，你就行行行行行行》则几乎没有重要信息。况且，很多标题制作者为了叠而叠，"叠"得毫无章法，徒有其表，最终滑入脱敏。

同样，为了制造悬念，"掐头去尾"标题也一度激起人们的好奇心而催生点击。

《参考消息》公众号有很多这样的标题。比如《快了！就在六月下旬——》，单看标题自然会有"什么事快了"一问，于是就有了悬念。类似于这样的标题，《参考消息》公众号中有很多，比如《"BBC，道歉！"》《美国跌出前十》《"腐朽透顶"》《民进党是真怕他……》《0！》《印度，突发！》《正式生效》等。

这种标题形态曾经是《参考消息》的风格之一，很有辨识度，遗憾的是，众媒体纷纷克隆后，因为环境不同、载体不同、读者对象不同，人们从最初的好奇到渐渐开始脱敏。有人发帖称，很多悬念标题是"一惊一乍、毫无营养、猜不透就不告诉你型"，有用信息很少。

于是，可以得出一个基本结论：因为缺少"有用信息"，这三种新标题形态不是通过事实引起悬念，而是为了悬念而悬念，最后落入形式大于内容的窠臼。

在使用与满足理论的指引下，要做到悬念的有效性，微信公众号标题必须满足人们对"有用信息"的需求，也就是注重用事实说话。

(三)"标题改造"聚焦用事实说话

当三种新标题形态形成用户脱敏时，诸多"标题改造"从实践经验中来，统一的指向是注重用事实说话。

先来看看"传媒茶话会"转载的正观新闻副总编辑王长善的《一个老编辑的自白：3月我改了20个标题》(有删减)

改前：《全国政协委员魏世忠：心系高等教育，关注民生所需》

改后：《全国政协委员魏世忠：人口大省河南要建更多一流大学》

改前：《出版社回应图书图片选取不当问题：回收并销毁》

改后：《回收销毁！〈日本旅游 一本就够〉用图不当将严肃追责》

改前：《怎样才算校园欺凌？湖南明确恶意孤立等5种行为》

改后：《湖南省教育厅：孤立他人也算校园欺凌》

改前：《中宣部召开全国新闻记者职业资格考试工作电视电话会》

改后：《首次新闻记者职业资格考试11月拟举行，谁考？怎么考？》

......

此篇解读以"划重点"的形式出现，关键词为套近乎、拎出重要新闻点、激发悬念、善用数字、制造冲突、突出事实、与我有关等。

"传媒茶话会"转载长沙晚报编委兼报纸编辑部主任的一篇文章内容如下(有删减)。

（1）原题：《某市：一线监督实现"三保"打好春耕"主动仗"》

改题：《下烟叶大棚、问农资真假、督水利建设……某市纪委这波帮农护农操作必须要赞》

（2）原题：《帮到了痛点上，定制到心坎上》

改题：《一趟免费公交便利八千员工》

（3）原题：《生态胜地邀你来打卡，石燕湖稻草人艺术节4月1日开幕》

改题：《巨型稻草人、3米高恐龙、稻草金字塔……都快备好了，石燕湖稻草人艺术节4月1日起等你打卡》

作者以"旁白"形式对改后标题进行解读，关键词为：场景引入、少概述多叙述、脱虚向实、高度浓缩、找到真正的新闻点、精准提炼等。

虽然两位作者的表达有所不同，但可总结为9个关键词，分别为与我有关、突出硬信息、精准提炼、脱虚向实、细节制胜、悬念冲突、话题引入、情感共鸣和讲大白话。这9个关键词有个统一的指向是"用事实说话"。

与我有关、抓新闻点、脱虚向实、细节制胜、话题引入、精准提炼等与"事实说话"的联系比较直观；讲大白话则是基于大白话传递的事实信息丰富；激发悬念和情感共鸣如果离开"事实说话"，悬念和共鸣的问题将难以解决。

于是，从"标题改造"实践中来，公众号标题制作必须注重用事实说话。

坚持用事实说话也是党的新闻工作的优良传统。1948年9月，毛泽东同志在审定新华社的一篇新闻和一篇社论时，将原题《华北召开中等教育会议》改为《华北中等教育会议决定改善中等教育的诸项制度》，并批示道"凡新闻，标题必须有内容。原题并无内容，不能引人注目"。①

中国人民大学新闻学院曾作过一项调查，在被阅读的新闻里，有 94% 的读者是先读标题后看新闻；标题对新闻的吸引率为 34%，而标题的吸引力主要是事实。②

（四）多维度用事实说话激活悬念

当注重用事实说话成为共识后，微信公众号标题如何做好用事实说话呢？

先来看看这两个微信公众号标题：《未来已来！中南医疗"黑科技"高端亮相世界级盛会》《这可能是我离 1 个亿最近的一次》，讲的是进博会里有很多非常值钱的黑科技。

都是"黑科技"，传播效果可能迥然不同，微信公众号标题不仅要用事实说话，也需根据互联网的传播特点进行创新。

基于"创新是生产要素的重新组合"，微信公众号标题需创新性地做好新闻要素的重新组合。

标题用事实说话最为直观的表现是，标题里有大家关注和关心的"点"，也即新闻 6 要素，时间、地点、人物、事情起因、经过和结果。

只有交代清楚时间、地点、人物、原因、过程等，才能让用户觉得实

---

① 毛泽东指示标题要吸引人看！[EB/OL].[2023-12-20].http://m.sohu.com/a/569585339_593805?scm=9010.11.572002.0.0

② 谢文英. 新闻标题怎样利用好"首因效应"[N]. 中国新闻出版广电报，2017-09-12(04).

实在在，可感可信。因此一个好的微信公众号标题要将最重要、最关键、最醒目、最吸引人的部分凝练到标题中。

比如，《刚刚，沙特王储被废了》一文成为现象级传播，部分得益于时间要素的凸显；将《江苏一女干部短信辱骂退伍军人 当地展开调查》改成《女干部大骂退伍军人：不让你跪倒喊奶奶，我跟你姓》，被解读为"细节制胜"，其实就是拎出了"发生过程"要素，与此同理的是将《捕鸟者说 千年鸟道上在终结者》改为《湖南：鸟在飞 枪在响 钞票从天降》；《张艺谋，还行不行？》等则是侧重人物要素的提炼；将《用坚实的基础去面对产业的日新月异——太原理工大学工程技术人才培养实践》改成《太原理工大学校长郑强：企业不要对大学指手画脚》，则是将最重要的结果拎了出来。

如何找到拎出的"点"也是需要多维度思考的。来看看以下 5 个标题。

《吴晓波直播"翻车" 传统媒体思维下马威？》

《吴晓波直播"翻车" 一堆人该排队打脸？》

《吴晓波直播"翻车" 我们要排队打脸？》

《吴晓波直播"翻车" 能"撞"醒还在梦中的你？》

《吴晓波直播"翻车" 传统媒体人得排着队打脸？》

先不去评价这几个标题的优劣，作为标题制作者该找哪个"点"才能最大限度地凸显"与我有关"？

笔者选的是最后一个标题，意图把"点"锁定在"传统媒体人"上，让传统媒体人和关注传统媒体人的人关注，而"一堆人"和"我们"等都太过宽泛，不具象，很难做到有效锁定人群。

在注重用事实说话层面，以上标题虽各有侧重，但不可否认的是，都是做好了新闻要素的有机组合才催生了吸引人点击的悬念。

因为"折叠"，悬念在互联网标题的舞台上更显重要，而新闻要素的组合也须围绕互联网的传播特点，从不同维度做好新闻要素的创新性组合，从而更好地催生吸引人点击的悬念。

第一，前提维度：全力达成"与我有关"催生悬念。

融合媒体时代，信息接收由传统媒体时代的相对被动到完全主动，当标题提炼出的信息与用户之间没有太大关系时，在海量信息面前，用户就会"没时间""没兴趣"去点开这个内容。因此，微信公众号标题制作，注重用事实说话的前提是达成"与我有关"，这样才能催生出吸引点击的悬念。

生活中，我们常常会见到很多标语。其实，"标语"和"标题"的制作原理异曲同工，一些标语在"与我有关"上有着许多宝贵实践。比如"大国点名，没你不行""中国的户口本上不能没有你！""第七次人口普查@你：每一个你都很重要！"等，这几条标语中都有一个明和暗中的"你"，就很好地做到了"与我有关"，进而达成大众积极支持第七次人口普查的效果。

微信公众号标题制作中，很多人会注重外在的"与我有关"，而不太注重内在"与我有关"的开掘。这里的"外在"指的是标题中有"你"的元素，比如将《农村妇女做自媒体月入过万，别在前途光明的行业里选择失明》改为《农村妇女做自媒体月入过万，你呢？》

"与我有关"不是说标题中要有"你"字才能达成，通过内在的关联也可以很好地达成"与我有关"。比如，将《压力微导管助推冠心病精准治疗》改成《拒绝心脏搭桥 冠心病患者请看过来》。"压力微导管"是医学术语，常人难懂，没有冠心病的用户可能不会关心。"心脏搭桥"是个高频词，关注度高，改后标题不仅与用户之间有"冠心病"这个连接点，还多了一个"心脏搭桥"连接点，就更大限度做到了"与我有关"。

笔者曾经将《还你一个健康的心脏，心肺康复训练室邀你来体验》改成

《心肺康复训练室 OR 健身房 怎么选?》

因为不懂心肺康复的重要性,很多人并不关注,将心肺康复与健身房健身放在一起,通过大家对健身的认知促成对心肺康复重要性的认知。从标题制作看就是造就了内在的"与我有关"。

于是,依照使用与满足理论,为有效达成期待满足,微信公众号标题"与我有关"中的"我"的内涵和外延也须有一个拓展和延伸,当然,这种拓展和延伸也是建立在注重用事实说话的基础上。

第二,组合维度:创新新闻要素组合营造悬念。

悬念可以无处不在,比如,开车去单位后发现手机未带,又开车回家,再去到单位,本来一个小时的路程跑了两个小时。在朋友圈发"今天去单位,来回一个小时路程竟花了我两个小时!"就充满悬念,源于省去了"忘拿手机"这个事实。

营造悬念最简单的方法是将可能揭示悬念的信息隐去,做减法,也即"不把话说满了""掐头去尾"等。

当然,真正的悬念标题制作不是简单地做减法,更不是简单的"掐头去尾",我们不妨来看看主流媒体悬念标题制作的几个经典案例。

《二十三个将军看望一个兵》(反映解放军某团养猪场饲养员在平凡的岗位建奇功,竟引来多名将军考察学习。《解放军报》,2012 年 12 月 4 日);《腰缠万贯的穷支书》(反映一个村办企业固定资产数千万元的行政村党支部书记勤俭节约的故事。《江西日报》,2012 年 10 月 18 日);《着了魔的教授》(暗示迷恋魔芋种植技术。《人民日报》,2012 年 2 月 20 日)等。

这几个颇具悬念感的标题就是建立在用事实说话的基础上,对新闻要素进行了有机的组合,从而催生出悬念,在制作微信公众号标题时,这种方法非常值得借鉴。

再来看看《新京报》标题。

报纸:《四处修表匠寻子 31 年:一个家就像一块表》

公众号:《被偷走的 31 年》

报纸:《90 岁裸模王肃中:我自逍遥,来人勿扰》

公众号:《裸到 90 岁》

报纸:《河北涞源入室抢劫案再调查》

公众号:《相识于 2 月,命案在 7 月》

"偷"与"31 年","裸"与"90 岁","相识"与"命案"、"2 月"与"7 月",这些在新闻要素高度概括的基础上还做到了有机组合,有了较强的悬念。从中可以看出,一个好的悬念标题离不开新闻要素的精准提炼和组合,这里的"精准、组合"指向的是:不仅对新闻要素的提炼和组合要达成"与我有关",还要实现"情理之中意料之外"的效果,并不是简单地做减法。

《新京报》公众号的这几个标题既很好做到了"与我有关",有效激活了用户的期待满足,同时也比报纸标题更加简明扼要。

做好新闻要素的重新组合也符合熊彼特的创新理论。在微信公众号标题制作上,"生产要素"就是"新闻要素"。

比如《凌晨 2 点 48 分,她被十堰警方抓了》。

如果没有点开内容,可能根本想不到这讲的是一个酒驾的故事。

故事内容是:女子无驾驶证,与丈夫吵架后,一气之下在吃烧烤时喝了两瓶啤酒,然后负气开着丈夫的车四处闲逛。这个酒驾故事很有传播性,如果做成《一女子深夜酒驾被抓》,用户很可能扫一眼标题就没兴趣再点开,因为酒驾故事已司空见惯,制作成《跟丈夫吵架,喝两瓶啤酒开车

四处闲逛 十堰一女子深夜被抓》也会很有吸引力。

《凌晨 2 点 48 分，她被十堰警方抓了》，将时间、人物、地点等新闻要素进行了有机组合。将时间具体到分，给人"事大"的想象，而将精确到"分"的时间与"她被警方抓了"联系起来，顿时就有了十足的悬念。

这些标题都是在对信息进行高度提炼的基础上，将新闻要素进行有机组合，达到悬念效果同时，标题与内文还能形成深度呼应，催生共识满足。

"一字标题"也是非常好的悬念式标题。一字标题内容创作看似简单，其实非常难，须通过形式内容创新，在图文中讲清一个字的深刻内涵，达成一字道破天机的思想性和哲理性。

微信公众号也是有机会做成一字标题的。比如，在朋友圈中曾经看到一篇文章标题为《贵州山区，有位央企驻村"甲"书记》，被报道的单位同志转发时还专门备注"某某日报专题报道某某单位员工扎根贵州扶贫攻坚故事"。

"甲"为贵州地区称赞语，为"好"和"棒"的意思。如果转发者有一字标题的意识，在朋友圈中呈现一个"甲"字足矣。从点击效果看，单单一个"甲"字的标题的点击率预计会高很多。

悬念标题制作方法有两种形式，第一种是先有内容，第二种是先有标题。

有一个故事：夫妻二人遛狗，两个人养狗的理念很不一样。男主人认为小狗太小，希望小狗能够自由自在地在外面行走，女主人则认为要有规矩，不能让小狗太过自由。遛狗时，经常因为该不该系狗绳而闹得不愉快。每当女主人拽着狗的绳子，强迫小狗按照她的路线行走时，男主人就感觉非常不忍心，请女主人把绳子放下，让小狗自由行走。但是，女主人却坚决不干，有时两人会因此发生争执，甚至大声斥责对方。

最终有了《某某小区晚上 9 点：把绳子放下!》这个标题，用户通过标题可能根本无法想到是写遛狗的故事，可谓留足了悬念。

从标题制作来看，通过要素组合营造悬念离不开有感而发。因此，作为编辑或创作者，制作标题时，就得让自己对面前的文字和所需描述的事能够感同身受。值得注意的是，将要素进行重新组合制作悬念标题时，要力避提炼的核心关键词(句)的宣传味太浓。

2021 年五一前夕，中专生陈菲列车上救人的事迹被各大网站转载，人民网推送的《陈菲，你真棒!》就值得借鉴。

"陈菲，你真棒!"是文中一位采访对象的原话，这个标题虽短但提供的信息量(事实)丰富。

如果沿用传统宣传思维，将标题制作成《学医的中专生列车上救人》之类，标题就没了悬念，如此正能量的故事无法让更多人看到。

无论是在传统媒体时代还是融合媒体时代，很多主旋律宣传和正能量的故事没有得到很好的传播，跟标题的失败密不可分。

同时，受"宣传"概念异化的影响，"用事实说话"出现了一些异化。2023 年 7 月 23 日，齐齐哈尔体育馆屋顶坍塌的报道，有些标题中的"领导重视"被广大网友诟病。传媒领域专家就建议，标题"往实里做""把核心事实放在第一位"，并建议将"第一时间赶赴现场"改为"在×时×刻赶到事故现场"，或"事故发生后×小时抵达现场"。

第三，顺应维度：顺应热点和情感传播激发悬念。

由于网络的开放性及匿名性，互联网传播具有了情绪化特征。情绪与情感两者密切联系、相互依存、相互转化，情绪变化受情感制约，情感又在各种变化的情绪中得到体现。因此，融合媒体时代，情感传播也备受重视。

情感传播是指人们基于一定情境和机制而展开的信息传播活动，旨在达到情感和意义的共享，有助于受众接收、理解信息，引发情感共鸣，同时可以借助公众的情感推动事件形成舆论，将事件的影响力达到最大化。

为了顺应互联网的情绪传播特征，微信公众号标题制作有必要关注标题如何展现情感元素，使得标题的信息揭示功能通过情感途径得以充分展示和提升，借助情感力量催生悬念从而吸引点击。将《钱锺书妻子杨绛辞世》改成《人间已无"女先生" 天堂再会"我们仨"》，本质就是通过共鸣催生情感满足，助力传播。

如何引发情感共鸣，一些新媒体人也尝试了很多方法。

首先，达成标题内容与用户情感共鸣肯定不是"标题党"似的喊口号，真正的共鸣应是一种真情流露。

其次，要拎出能够引起情感共鸣的事实，用事实的力量催生情感共鸣。

因为"折叠"，标题还须给予用户打开盲盒般的兴趣和冲动，要求标题尽可能地打开视觉、听觉、触觉、嗅觉和味觉五大信息通道，提升用户对标题形式和内容的注意力。如果标题能带有动感、美感、性感、喜感等，就会给用户提供一种活色生香般的体验，也可以催生用户五大信息通道的打开，吸引点击。

不过，很多标题制作的情感表达成了画蛇添足。

《震惊！安理会内部文件遭泄露》、《痛惜！音乐人赵英俊因病去世》、《愤怒！一防疫志愿者被捅身亡》(参考消息公众号)、《惊！今年"最大"的福字出炉》(一家医院的公众号)。

参考消息公众号用"震惊，痛惜，愤怒"是表面态度和立场，"态度"

和"立场"也是"事实"，而上例中最后一个标题，"惊"字用在这里可以说毫无意义，因为"最大"足可以说明问题，"惊"就涉嫌画蛇添足，令人逆反。现实中，这样的例子很多。

"情绪点"的运用也要针对不同用户的特点和需求，选择适合的表达方式。鸡汤文、政论文、新闻报道……不同类型文章的标题都有自己不同的要求，总之就是要有真正的用户意识，适合的才是最好的。

新媒体时代，人人都有麦克风，热点层出不穷。通过人们对热点的关注，选取相应的角度，可以达成用户与内容的共识，传播性会得到大大的增强，被人们称为"蹭热点"。《这是我离一个亿最近的一次》蹭的就是"一个亿的小目标"这个热点。

从本质上看，"蹭热点"也是换角度方法的应用。法国叙述学家托多罗夫指出：角度具有第一位的意义。

比如，下面是一个内容的七个角度。

（1）一场 2200 万元拍卖会背后的操盘逻辑深度分析。

（2）罗振宇和 PAPI 酱，是如何操盘完成一场 2200 万元的拍卖会？

（3）一个 10 年运营总监眼中，PAPI 酱 2200 万元拍卖会的操盘逻辑。

（4）通过 6 个重要事件+15 个关键点，揭示如何成功运作一场 2200 万元的拍卖会。

（5）最该来学习这场拍卖会的，可能是新浪微博。

（6）看懂了这场发布会的逻辑操盘，你才知道为何罗振宇投给 PAPID 的 1200 万元一点也不贵。

（7）这是一篇让罗振宇本人都大呼"牛✕"的逻辑思维操盘实例分析。

令人无奈的是，一旦某个"热点"出来，各种"蹭热点"霸屏，但大多无人问津。究其原因，有些内容与"热点"几无关联，无法形成共识，最终蹭得脸不是脸鼻子不是鼻子。

只有具备内在逻辑关联，"热点"和内容才能相互成就，继而促成共识上的满足。比如，由"谷爱凌每天必须睡足 10 小时"谈睡眠问题，就能催生对睡眠重要性共识的满足。

同时，大多悬念式标题由于比较短，限制条件相对长标题来说要少，比较利于行文。具体来说有四大好处：有利于行文的开篇、有利于行文的聚焦、有利于故事化讲述、有利于多维度开掘，文章的深度、力度、广度、维度、温度等掘进的空间就会更为广阔。

这也是倡导短标题的一个重要原因。

五、机器标题和"事后诸葛亮"

融合媒体时代，内容生产进入智能化，机器（AI）标题应运而生。

我们暂且不去讨论到底是"机不如人"还是"机智过人"，但是很多人工标题不如机器标题是事实。

有这样一个故事：一位老人在医院受到一位医生的厚待，推文中有一段老人的视频采访，老人接受采访时说的是巢湖当地话，内容是说医生像是他的家庭医生，对他照顾无微不至，还帮他抠大便，说外面的医生没有像他这样的。

作者起的标题是《熨帖，老人的这段巢湖乡音》。

机器标题是《外面没有医生对我这样……》。

从软件打分来看，机器标题的评分远远高于人工标题，最终选了机器标题。

曾经，有人将机器标题和人工标题做过一个比较。结论是，机器评分最高的标题和人工投票最多的标题不谋而合。

有人总结，机器评分认定的好标题是信息量+情绪，跟多维度事实说话激活悬念的原理如出一辙。

不过，机器标题并不代表绝对的真理，不能因此而放弃人的判断，作为数字媒体标题制作者，可以将机器标题作为辅助参考。

机器标题评分的好处在于可以帮助我们优化标题，根据评分高低反复调整，直至达到一个理想分数。对于标题制作新手来说，机器标题应该有很大的帮助，但依然是"仅供参考"，机器标题虽然有一定的科学性，但机器也有其局限性，对人主观愿望的分析也有可能出错。标题也是没有最好只有更好。

下面结合笔者的一些标题实践做一个分享，关于改后标题可能会有不同看法，这里只是提供思路上的参考。

原标题：《双 11 女性专属，宫颈癌系列筛查只需 329 元》

改后标题：《329　仅限女性、巢湖、一年》

批注：改后标题有留白，留白造成了想象空间，就可以一定程度上做到"与我有关"，同时，"女性、巢湖、一年"言简意赅，有悬念。

原标题：《"大仙"过后　大姐闯关》

改后标题：《"大仙"过后　大姐闯关 这还真不只是迷信的事》

批注：加一句后，将原稿的内涵和外延进行了扩充，同时，与迷信挂上钩，将一个较多个体的事放大为群体性事件，就有了更大范围的与我有关。

原标题：《强强联合！医疗与教育相遇！》

改后标题：《刚刚，健康西路这件事值得巢湖人开心一下》

批注：原题点击率少得可怜，因为几无"与我有关"的元素，改后有了时间地点的贴近性，与巢湖人产生了关联，就有了"与我有关"。同时，标题伸缩空间大，可从巢湖的医疗背景去挖掘新的信息，这件事的意义就显现出来了。

原标题：《老年病科到底是个什么科？什么病可以挂老年科?》

改后标题：《家有老人的子女：你真的知道老年病科是干啥的?》

批注：通过角度的变化，主题也随着发生变化，大打"孝心"牌，这跟脑白金从保健品定位过渡到礼品定位的道理一样。

原标题：《为了留守散兵镇的父老乡亲》

改后标题：《因为他们的到来，巢湖散兵镇人气变旺》

批注：两个标题各有侧重，比标题里有"义诊"要稍好一些。毕竟一般性的义诊信息是没有什么人关注的。不过，这两个标题都涉嫌套路和"标题党"，有后遗症，但总体思路是对的。

原标题：《我也要拼命救你，即使，你拼命拒绝》

改后标题：《三位老人拒绝抢救为哪般?》

批注：抢救是医生必需的责任和义务，值得放大和深挖的空间比较小。核心事实应该放到"拒绝抢救"。首先，拒绝抢救这个点的关注度很高，比"抢救"的新闻性要强。其次，从关注老人拒绝抢救的角度，可以带出关于医护人员的责任和技术的内容。原标题的问题就出在宣传思想作祟，将"要宣先要传"忘到了脑后。

原标题：《春风十里不如人间大爱，第一届宋庆龄爱心日盛大启幕》

改后标题：《第一届宋庆龄爱心日盛大启幕，看看哪些干货与你有关》

批注："爱心日"跟我有什么关系？角度一变就直接"与我有关"了，也能吸引人们去点开。而且，行文的时候不能就事论事，而是要将这个活动与每一个人联系起来。

原标题：《还你一个健康的心脏，心肺康复训练室邀你来体验》

改后标题：《心肺康复训练室 OR 健身房 怎么选?》

批注：现实是，很多人并不重视心肺康复，原因是不懂得其重要性。将心肺康复与健身房健身做比较，就有可能让人明白其中的道理，内容的深度和广度就达到了，也与更多人产生了"与我有关"。

以上标题都是秉承多维度用事实说话激活悬念的原则进行的改造，从这些改造中我们可以看出，用事实说话具有多条路径。

条条道路通罗马，标题实践中不用拘泥于一条路径，但也不能来个所谓的一招鲜吃遍天，总的原则是适合就好。苏格拉底说，改变的秘诀是集中你的所有能力，不是摧毁旧的，而是建造新的。

微信公众号标题制作要围绕穿越"折叠"，遵循使用与满足理论，在回归注重事实的基础上，对新闻要素进行创新性的提炼和组合，达成互联网用户需求的满足，从而催生悬念，助力穿越"折叠"。

"路径"篇

进一步有进一步的风景

——"读屏时代""碎片化阅读"下的内容重塑

重塑的最高境界是脱胎换骨。

通过标题多维度用事实说话激发悬念很大程度上决定了传播效果，但制作出一个好标题只是万里长征走了关键一步，如果主体内容无法取悦用户，也无法获取用户的关注。

传统媒体时代，从内容采集到输出有相对成型且比较成熟的生产路径，整个周期也比融合媒体时代要长很多。内容输出周期的缩短，对内容加工提出了更高要求，对于很多不具备传统媒体生产流程和内容加工力量的自媒体来说，内容的加工和价值的挖掘就有可能陷入"独乐乐"而难以达成"众乐乐"。

获取用户的关注，需经过一个"是否匹配"和"是否值得"的过程。融合媒体时代，内容与用户匹配须经过"改文风"和"换角度"两步，这也是内容价值重塑的"往前走两步"。

"往前走两步"后，标题可能改头换面，成就标题与内容的交相辉映，内容价值出现脱胎换骨的改变。

一、"往前走两步"缺失的"呜呼!"

传统媒体时代,内容输出要经过一道道已经被实践验证的科学的把关系统。融合媒体时代,从内容生产到输出的时间大大缩短,留给内容加工的时间势必减少,这点最明显地体现在自媒体的勃兴上。

很多自媒体由个人或少数人员创建,内容生产的把关系统相对缺失,也不够专业,内容含金量(价值)有时得不到很好的挖掘,甚至造成浪费。

路径缺失导致融合媒体时代初期的内容会有以下几个方面的问题。

(一)新瓶装旧酒

所谓新瓶装旧酒就是换一个新媒体样式的标题,将原有的内容囫囵塞进去。当内容与标题无法达成浑然一体时,内容张力就大大减弱,传播价值也会大打折扣。

此种现象犹如舞龙时头动身不动,无法舞出龙的气势和精神。因为加工不够,内容要么是"新瓶装旧酒",要么沦落为没有品牌价值的"散装酒"。

内容加工环节的塌陷,使得内容价值得不到精准而有效的挖掘,同时,也会导致标题和内容无法形成有效互动,制作标题时会有一种无力感。

这种现象不仅体现在自媒体上,一些主流媒体和单位开办的新媒体平台在发展初期这种现象也异常突出。时至今日,部分主流媒体的融媒体中心编辑将传统媒体环节产出的内容搬到数字媒体时,也只是改一下标题,对内文基本不做二次改造和深加工。这也是很多主流媒体创建的客户端成长乏力的原因之一。

(二) 深一脚浅一脚

"深一脚浅一脚"体现在高估或低估用户的价值判断上。

高估，是认为用户和内容生产者的价值判断一致，这时会形成内容表达曲高和寡的局面；低估是指低估了用户的价值判断力，一味迎合新媒体的"轻表达"和"碎片化"特征，内容表达单薄无力，本来很严肃的问题搞得像脱口秀，失了严肃性和权威性。

总而言之，内容要么重于泰山，要么轻如鸿毛，很难做到雅俗共赏。究其根源是用户画像或用户定位模糊，很难形成用户黏性，更奢谈创造用户。

(三) 画地为牢

步入融合媒体时代，媒体平台原有的、相对固定的用户边界被打破，需要内容更具有普适性或针对性，才能最大限度地突破"事不关己高高挂起"。而普适性和针对性的达成，需从内容维度和精度上对内容进行全力干预，不断提升内容的外延和内涵。

画地为牢最典型的表现是内容创作者不去广泛联系，只是拘泥于个案本身的信息传递，忽略了个案的共性意义 (价值) 挖掘和拓展，导致一些本可以实现更广泛传播的内容只能在小范围里被关注。

比如前一章提到的，一些单位自媒体在报道先进人物和先进事迹时，只是将先进人物和先进事迹局限在本单位，普适价值被束之高阁，关注度自然缩减。其实，跳出"单位人"局限，强化"社会人"角色，稍加联系和延展，先进人物和先进事迹就具有普适性和关注度。

(四)情感格式化

一些内容创作者还停留在传统的"黑板报"范式操作，情感格式化、脸谱化、标签化、单一化，导致内容无法破圈。

鲁迅曾说，"人类的悲欢并不相通，我只觉得他们吵闹"。对于融合媒体时代的内容创作，秉承人类的悲欢是相通的，内容才能与广大用户产生情感连接和能量呼应。

(五)果中找因

不考虑前因后果而是果中找因，逻辑倒置。这种现象的后果是表达不真实，最直接的表现是背景的人为虚化，跟当今的修图软件原理如出一辙，结果是"不知你的谁"。

传播内容失去真实性就一钱不值，奢谈传播效果。

(六)无脑推送

融合媒体时代初期，互联网上产生了不少无价值内容，表现为以下几个方面。

拼拼凑凑蹭热点：很多的"蹭热点"，内容本身与热点毫无内在关联，最终蹭得鼻子不是鼻子脸不是脸，被人讪笑。

王顾左右两张皮：前面王顾左右一箩筐，随后啪地贴上自己的广告或者想要推广的内容，让人无奈。

跳梁小丑神叨叨：内容创作充斥着大量的故弄玄虚、移花接木、哗众取宠、耸人听闻等套路，给人感觉就像是跳梁小丑的神神道道，遭人嫌弃还不自知。

东拼西凑不入流：东拼西凑一大堆，看了半天才看到要表达什么，整篇文字稍微一拧，95%以上是废话。

这样的推送，当前互联网上还有。他们并不知道，这种内容的打开方式是点开即叉掉，点击率很是虚妄。

（七）通俗成媚俗

有些内容创作者为追求所谓的点击率想以"俗"取胜。比如，一家房地产公司开发的是品质不错的苏州园林式庭院，为提升传播效果，老板亲自指导，甚至逼迫内容创作者将内容表达"俗化"。

融合媒体时代初期，"俗化"表达看似比那些传统表达的点击量要高那么一点点，然而，一些用户在看到他们输出的内容后，内心会发生这样的疑问："做那么俗内容的人会建造出有品位的房子?"然而，老板经常以"俗到极点就是雅"来为自己开脱，却不知道什么是"俗到极点"的标准，最终，通俗成了庸俗，捡了芝麻丢了西瓜。

二、"往前走两步"落脚"改文风"和"换角度"

"请听我讲"四个字很短，有时会短到致命。

(一)尊重"碎片化阅读"和"读屏时代"

如何避免内容成为垃圾？过程决定结果。内容创作必须经过千淘万漉才能吹尽黄沙始见金，避免成为垃圾。

基于"读屏时代"和"碎片化阅读"，融合媒体时代，内容重塑的路径有两个关键词，"改文风"和"换角度"。

中国人民大学新闻学院教授彭兰指出："今天人们不再轻易听从大众媒体的时间调度，却把时间的支配权更多交给了手机，任由手机将自己的时间切割成碎片，在多道并行的任务切换中顾此失彼。新媒体似乎给予了人们使用时间上的自由，但又在深层剥夺了人们的注意力和聚焦能力，越来越多的人在时间碎片中随波逐流。"

彭兰教授是在深入分析，我们要正视这两个问题的客观存在。

融合媒体时代，碎片化消费场景剥夺了人们的注意力和聚焦能力，营造内容的即时消费特性就是一个非常重要的指标，而达成"即时性消费"需内容吻合"碎片化阅读"和"读屏时代"这两个特征，从提升内容温度来说，需要用户在消费内容时"不用太费力"。

信息海量化时代，很多信息并不是非消费不可，如果太费力，就会被用户无情叉掉。

"不用太费力"的着力点就是改文风，是基于内容表达层面，通过表达提升内容的温度。

以视频创作为例。为提升视频内容的温度，配音、字幕、音乐等视频元素都必须到位，且具有相对的审美。

如果表达是板着面孔而不是轻松可读；字体和排版不是疏朗大气；视频没有娱乐性；没有在最短的时间内提供足够的信息量等，都会影响内容消费。这是内容温度的一部分。

关于内容温度，有一个看似不搭界却非常有意思的现象值得我们警惕，那就是一些短视频创作者总喜欢"请听我讲"。

可以说，这类作者并没有深刻领悟到"刷"这个动作的真正含义。"请听我讲"表面上是没有做到直奔主题，本质是对碎片化阅读特征的漠视，是不尊重用户时间、缺乏温度的表现。与"请听我讲"本质上如出一辙的是，一些短视频创作者，居然要一个提要和片头，当人们刷到这类短视频时，顿感浪费时间，并觉得短视频创作者不专业，也削减了继续读下去的愿望，这不能不说是一件令人遗憾的事。

"换角度"是基于内容价值层面，指对内容的价值深度和维度等的开掘。无论是传统媒体时代还是融合媒体时代，内容的深度和维度等都是行业追求的方向和目标。

融合媒体时代，为让内容有效地吸引精准用户和更多未知用户的关注，就要结合"碎片化阅读"和"读屏时代"，对内容进行锐化和泛化。

具体来说，就是该锐化时锐化，做好内容深度开掘，满足精准用户之需；该泛化时泛化，做好内容维度的开掘，以吸引更多用户的关注。

同时，表达也要精心选择和布局，力求让用户在最短的时间里掌握最有价值的信息，并在单位时间里能够持久关注。

总的来说，融合媒体时代，如果不尊重"碎片化阅读"和"读屏时代"特征，对内容的温度、维度和深度进行开掘，就很难生产出符合读者需要的内容。

虽然融合媒体时代对内容重塑有新的要求，但实质还是传统媒体生产路径范式上的回归，只是需要抓住"碎片化阅读"和"读屏时代"两个关键词，做好具有融合媒体特征的"温度""深度"和"维度"文章。

(二)"改文风"落脚"轻表达"

"轻表达"目标是达成内容消费的"轻舟已过万重山"。

"改文风"主要聚焦于表达方式的"轻"，可称之为"轻表达"。

许慎在《说文解字》中对"轻"的解释："轻，轻车也。"轻车，顾名思义就是轻巧便捷的车。本义引申，"轻"就有分量不大的意思，与"重"相对。分量轻就会使物体轻巧，所以，"轻"也含有灵巧、轻盈的意思，同时，"轻"还有数量少、程度浅的意思，当然，也可以引申出轻率的意思。

因此，围绕"轻"的解释可以给"轻表达"下一个定义，即适应传播介质、传播技术、传播范围和传播生态的改变，对内容传播在形式创新和灵巧轻盈方面的改造，关键词有"分量不大""灵巧轻盈""数量少"和"程度浅"等，也是原有的表达方式和方法不能有效契合融合媒体时代传播特征而催生的改变。"轻表达"概念的提出对应的是传统媒体时代的"重表达"。

1. 文字"轻表达"

"轻表达"需要我们在创作过程中能够做到举重若轻，遇到比较"重"

的内容时尽量做到轻量化表达，比如，遇到沉重或者严肃的问题，可以用轻松或者口语化的方式去表达，对应的就是文风，也即启功先生说的"行文简浅显"。

探讨"轻表达"时，文字的"轻表达"是基础。传统媒体时代，"故事新闻"和"新闻故事"都是关于"轻表达"的探索，读屏时代和碎片化传播则更强化了表达的轻盈。

文字角度。"改文风"注重多用短语、短句和短段，大量的长句堆砌极容易让用户望而生畏，还要强化画面感、可视性等。同时，因用户习惯了碎片化阅读，对于深度内容，叙事节奏必须明快，叙事内容要快速推进，并合理设置悬念，吸引用户将内容消费完。

"轻"的解释中有"分量不大""灵巧""轻盈""数量少"和"程度浅"这几个关键词，对号入座，文字的"轻表达"可依据以下7句话掘进。

第一，"相信白话的力量"。

白话通常指通俗的语句。白话可以将很多高深的道理变得通俗易懂，主要对应的是"程度浅"。白话表达非常形象传神，也会达成"分量不大""灵巧""轻盈"和"数量少"的目标。

党的报告中也有很多的白话，比如"中华民族伟大复兴，绝不是轻轻松松、敲锣打鼓就能实现的"，以及"撸起袖子加油干！""绿水青山就是金山银山！"等等。博大精深、高屋建瓴的精辟论断，借助通俗易懂的大白话极大地增强了传播力，增加了亲切感，拉近了党心民心，而且便于记忆，易于领会，利于落实。

融合媒体时代，很多自媒体的白话运用也非常成功，"牛弹琴"公众号就比较典型。

"还是那句话：霹雳手段才是菩萨心肠，更是执政能力。""总自我感觉良好，总还喜欢指指点点，折腾世界；哪知道，后院起火，家里正烧着哩！""今天还为戏剧性结果欢呼，明天却看到黑天鹅正在扑腾。折腾吧，那就接着折腾吧。""病毒是全人类的敌人，不分国籍、肤色、民族、身份。无知不是生存的障碍，傲慢才是。任何人，都大意不得啊！""接下来就是西方的圣诞节，一个最糟糕最难忘的圣诞节。唉，或许我们又要说一遍了：没有一个冬天不会逾越，没有一个春天不会到来。"……

"牛弹琴"非常注重白话表达，一早起来读"牛弹琴"不累且信息量大。

此外，白话在歌词创作方面也运用广泛，比如有一首歌的歌名叫《不如见一面》。

"像我这样优秀的人 本该灿烂过一生 怎么二十多年到头来 还在人海里浮沉 像我这样聪明的人 早就告别了单纯 怎么还是用了一段情去换一身伤痕 像我这样迷茫的人 像我这样寻找的人 像我这样碌碌无为的人 你还见过多少人 像我这样庸俗的人 从不喜欢装深沉 怎么偶尔听到老歌时忽然也晃了神……"毛不易的《像我这样的人》中满是白话。

很多经典歌曲的歌词也是朗朗上口的大白话，让人印象深刻，容易记住和传唱。

很多地产广告做得很有学问的样子。曾经，笔者在课堂上就广告词提问同学们时，大家只记得碧桂园的"给你一个五星级的家"这句大白话。

再来看《感动中国》这个节目，"不唱高调、不说大话、不讲虚言，聚焦凡人、平易近人、真情动人"是《感动中国》一直以来的标志。在颁奖词创作上，在笔者看来，他们的四个遵循也印证了白话的力量。(1)要有分量，要璀璨，还要分寸得当大小合适，相当于加冕仪式里用的王冠。(2)要让观众听得清、听得懂，朗朗上口，也要让获奖者觉得恰如其分、如遇知音。(3)通俗、生动、凝练，不能是太过华丽造作的文艺腔，也不能过于简陋寒酸不上档次，更不能是大词虚词堆砌出来的空洞俗套。（4）通俗中见高雅，平实处显奇崛。反复打磨修改后，要达到让人们听了起鸡皮疙瘩，之后还可以反复回味的地步。

"大小合适""听得清、听得懂""不能是太过华丽造作的文艺腔"和"更不能是大词虚词堆砌出来的空洞俗套"等跟提倡大白话原理如出一辙。

而《文学改良刍议》中的"言之有物""不作无病之呻吟""务去滥调套语"指向的也是白话。①

因为"读屏时代"和"碎片化传播"，"相信白话的力量"这句话更耀眼。

第二，"少做作，勿卖弄"。

淡淡语，却又无限情境，就是"少做作，勿卖弄"。探讨文字的"轻表达"时，白描手法顺利上榜。

白描，是中国画的一种画法，指的是纯用墨线勾描物象，不着颜色，放在文字表达上就是指文学创作上简洁单纯地刻画形象的表现手法。"简洁单纯"等指向的就是"轻"，表现为文字平白如话、不施渲染烘托的写作风格。

鲁迅在《南腔北调集·作文秘诀》中说："'白描'却并没有秘诀。如果要说有，也不过是和障眼法反一调：有真意，去粉饰，少做作，勿卖弄而已。"秦牧在《艺海拾贝·茅台·花雕瓶子》中认为："大抵，那些用平白如话、淡得出奇的白描句子来起头的好诗，后面往往'铁骑突出刀枪鸣'地出现警句。"

有人将白描特点归纳为"不写背景只突出主题；不求细致，只求传神；不尚华丽，务求朴实"。

---

① 胡适. 文学改良刍议［J］. 新青年，1917，2（5）.

白描手法被广泛应用于文章的开头，分为"特写式""全景式"和"背景式"等，将细致的观察用白话的形式表达出来。

聚焦手的特写，《港版罗拉》是特写式白描开头：那是双刚健有力的手。那双手能够轻松抓起 40 千克的重物。由于常年摩擦，掌心长出了厚茧，不止如此，从指尖到虎口，手掌的每一寸肌肤，都有硬塑料般的触感。一只拇指外翻，无法弯曲，那归咎于一场工伤事故。如果忽略这一点，在搬运工人群体中，那是一双平凡无奇的手。不同之处，在于那双手的主人。一个年轻的女人。

聚集于横店的全景描写，《横店创始人》是全景式白描开头：这里被称作横国是有原因的。红色的城门打开，是开阔的广场，穿过中庭，巍峨恢宏的秦王宫出现。护卫、宫女穿梭其间，如果运气好，你可以见到公主。古代与现代，刀枪剑戟与自拍神器，王侯将相与游客，铜板与人民币，衙门与快捷酒店，所有矛盾对立物混为一体。依靠步行（或者出租车）而不是时光机器，你可以完成一场又一场的穿越。横国是魔幻的，最多的"皇帝"在此登基，无数"史诗级战争"在此发生。

文章开好了头等于拉满了弓，行文就可以水到渠成。

还有一种开头叫"冷不丁一句话"，即用最凝练、最传神、最直观的一句话开头，造成先声夺人的效果。比如，岳云鹏的"诸事不顺"，吐槽大会的"开火吧，朋友"等。

白描手法的应用表现就是"少做作，不卖弄"，尽量去掉一些矫情的、累赘的部分，让文字表达具有即视感和节奏感，让文字动起来，叙事就"轻"了起来。

第三，"人狠话不多"。

"改文风"需文字尽量简短，少说废话，就是让人在最短的文字中精准接收信息，对应的就是"轻表达"中的"分量轻"，与微言大义和见微知著一个意思。

古人写文章，无论是竹简还是后来的纸，都是精贵的东西，下笔必须思前想后，字斟句酌。如今人们键盘一敲成串的文字就出来了，来得容易就不懂得珍惜，造成现代很多人对文字表达不是那么敬畏，文字输出时废话连篇。

毛主席早就说过，文章应该"写得短些，写得精粹些"，"最不应该、最要反对的是言之无物的文章"，"应当禁绝一切空话"。毛主席认为，那种没有明确观点、只会简单列举材料的文章的写法，"实在是一种最低级、最幼稚、最庸俗的方法"。毛主席在作报告、写文章时，总是着眼于实践，从来不是为讲而讲、为写而写，都是在解决新问题上提出重要的思想和主张。鲁迅也曾说过，应"竭力将可有可无的字、句、段删去，毫不可惜。宁可将可作小说的材料缩成速写，决不将速写材料拉成小说"。古人云："言贵短，文贵简"。

所有这些，都是提倡文章的简练和精短。融合媒体时代，人们的时间愈发精贵。

有时多一个字或者几个字，意思就有可能完全改变。比如"选燕窝，我只选什么"。为什么非得是"只选"，而不是"选"？百思不得其解。还有一则奶粉广告词是"我坚信，一方水土养一方人"，难道"一方水土养一方人"不是真理吗？这些情况在广告行业非常普遍，涉嫌太潦草。

"碎片化阅读"和"读屏时代"，行文简浅显和实事求是、惜墨如金的朴茂之风显得更加珍贵，文字创作时要秉承"人狠话不多"，大刀阔斧地砍，让分量轻起来。

第四，"此处无物胜有物"。

南宋马远的《寒江独钓图》，只见一幅画中，一只小舟，一个渔翁在垂钓，整幅画中没有一丝水，却能让人感到烟波浩渺，满幅皆水。如此以无胜有的留白艺术，具有很高的审美价值，正所谓"此处无物胜有物"。

留白是中国艺术作品创作中常用的一种手法，指在书画艺术创作中，为使整个作品画面、章法更为协调精美而有意留下相应的空白，留有想象的空间。文字表达时，留有空白和空间，也是一种"轻"。

关于文字表达的留白，笔者有一个亲身经历的故事。

女儿 8 岁时以古诗词为例说：写作文就是凑字。不经意飘出的这句话让当时在场的所有人很惊讶，大人们便问为什么？

她回答："不信你们看看李白的《静夜思》，将中间的两句去掉意思是完整的，中间两句话是不是凑上去的。"

她竹筒倒豆子般地说："床前明月光，疑是地上霜。举头望明月，低头思故乡。"可简化成"床前明月光，低头思故乡"。"离离原上草，一岁一枯荣。野火烧不尽，春风吹又生。"可以简化成"离离原上草，春风吹又生"。"白日依山尽，黄河入海流。欲穷千里目，更上一层楼。"可简化成"白日依山尽，更上一层楼"。"春眠不觉晓，处处闻啼鸟。夜来风雨声，花落知多少。"可以简化成"春眠不觉晓，花落知多少"。

"经过简化后的诗词是不是很通顺，也很有味道？"同行的大人们一下子给整蒙了，称这是一个"伟大的发现"。

姑且不论如此简化古诗词是否科学，至少也体出了"留白"的魅力。

第五，"去掉形容词，剩下的就是事实"。

站在"改文风"角度，在创作新闻信息类内容时应该拒绝形容词。

关于形容词的运用，有一句话非常形象：去掉形容词，剩下的就是事实了。

传递有效信息时，形容词尽量不用或者少用为好，像鲁迅、莫言、张爱玲、朱自清、老舍这些大家的文字，少见形容词。

形容词只是"形容"，相较于动词和名词等，会给人看不见摸不着的感觉。在新闻类内容的写作中，想通过文字有效传递信息，形容词基本要靠边站。比如，形容人多时，"人山人海"就没有"人挤人，挤得小孩不停地哭"来得更形象、更生动、更具体。

创作广告词时也应尽力避免形容词，广告传递的信息应该是具体的，过多形容就显得不够专业。

毛铺酒最初的品牌广告语是"和而不同 匠心毛铺"，很快改成了"草本毛铺"。"草本"给了消费者一个明确的产品定位，"匠心"却不能。

在信息类文字创作时，一定要去掉那些隔靴搔痒、云遮雾罩般的形容词，才能更有效地传递信息。

要让自己的文字表达更生动更形象，更能传递出富有意蕴的内容，除了尽量去掉形容词，不妨学方文山那样语法重构。

打破语法限制，重构词句，不仅给人新鲜的阅读体验，也简明了陈述，丰富了意蕴。

形容词作动词。"你发如雪，凄美了离别。""凄美"是形容词，这里作动词，意为"使离别变得凄美"。这种打破常规，不仅感观上让人耳目一新，也让画面变得更具动态美感。

"这石砌的老墙，颜色斑驳着米黄。"有人吐槽方文山写词离不开"斑驳"，比如"那段斑驳的砖墙，如今到底啥模样""夕阳斜斜映在斑驳的砖墙""斑驳的城门，盘踞着老树根"……不同的是，这句的用法是形容词作动词。一个灵动的变化，让米黄色的老墙，有了明暗和深浅的不均。

名词作动词。"窗外的雨滴，倒影出那过去。""倒影"名词作动词，意为"使过去显出倒影"。"就当我为遇见你伏笔。""伏笔"名词作动词，意为"为遇见你埋下伏笔"，简洁了句子，也平添了韵味。

动词作名词。"你是我唯一想要的了解。""了解"动词作名词，意为"想要了解(的人)"，表达独具一格，意境也更进一层。

形容词作名词。"花已向晚，飘落了灿烂。""灿烂"形容词作名词，意为"灿烂(的花瓣)"，既是凋落的花朵，也是暗淡的命运，一处留白引发多重遐想。

第六，"不比不知道，一比吓一跳"。

"不比不知道，一比吓一跳"指的就是善于用比喻和比拟。

同样还是方文山。"思念像底格里斯河般的蔓延"就是把"思念"的与日俱增比作底格里斯河水的"蔓延"；"我还在漂泊，你是错过的烟火"中把"你"比作"错过的烟火"，一句顶千言；"喔你的微笑是我，欣赏世界的角度"中把"微笑"比作"角度"，透过你的笑脸欣赏世界，本身就是一种视角，而微笑时翘起的嘴角，刚好也是另一种"角度"。

除了用好比喻，用好比拟也有不错的效果。"天青色等烟雨，而我在等你"，把"天青色"(瓷器颜色)拟作人在等待烟雨。一个"等"字让色彩人格化，有了人的情感，奠定了整体的感情基调，让紧接的"而我在等你"更显动人；"你将心事，上了淡妆"是比拟中的"拟物"，把"心事"拟作面庞，可以覆上淡妆，浅藏的"心事"具象为可粉饰的面庞，回味悠长。

第七，"没有细节你就败了"。

"大意失小节，而小节是最容易出大事的。"这是一电视剧中的一句台词。

写人则如见其人，写景则如临其境，细节描写的魅力就在于此。

细节描写是抓住生活中细微而又具体的环节，运用必要的手法技巧加以生动细致的描绘，具体渗透在对人物、景物或场面的描写之中。

融合媒体时代，往往一个细节的表达可以替代很多文字，注重细节也是一种"轻表达"的体现和运用。细节描写还可以非常传神地传递出信息，"没有细节你就败了"概括得非常到位。写好细节不外乎细致观察、精心锤炼词语、巧妙运用修辞和变换不同角度等。

文字的"轻表达"还有很多方法和路径。其中，最大限度地挖掘中文之美也是"轻表达"之需。比如，中国人说瘦，是"衣带渐宽终不悔，为伊消得人憔悴"；说老，是"朝如青丝暮成雪"；说恨，是"天长地久有时尽，此恨绵绵无绝期"；说爱，就"执子之手，与子偕老"；说相思，就是"此情无计可消除，才下眉头，却上心头"……

总的说来，融合媒体时代，能够做到上面这七点，文字"轻表达"目标基本可以达成。

2. 视频"轻表达"

因为"碎片化阅读"和"读屏时代"，我们必须适应手机屏的小，将"大"内容做"小"，也称小屏思维。

"小屏思维"最集中的体现是短视频的勃兴，这是融合媒体时代催生"轻表达"的产物。

2012年年底，习近平主席到河北阜平考察，原中央电视台副台长孙玉胜在现场发出了中国第一条时政微视频。从此，这种方式成为时政报道的标配，直至今天被各界广泛采用。通过这个微视频(现称为短视频)，总书记的亲民形象跃然屏上。而"习近平总书记会见阿根廷总统"短视频中，国际友人现场唱"没有共产党就没有新中国"传递出的信息量也非常大。

以《普利桥种粮记》为例，我们看看视频如何做到"轻表达"。

（1）"小屏思维"催生《普利桥种粮记》

解放思想要有思想，还需通过实践践行"小屏思维"，以期不断丰富和提升"小屏思维"的内涵。

2022年，由中央广播电视总台《焦点访谈》栏目和湖南卫视等联合推出的《普利桥种粮记》可谓从"大屏思维"转向"小屏思维"的成功范例，从中可以看到，要让视频"轻"起来，做到短小精悍又极具传播价值，是件非常不容易且极具专业性的事情。

2022年7月8日，一部自称没有剧本、没有导演、没有演员的新闻微纪实片《普利桥种粮记·春耕篇》一经上线，就凭借全员"演技"在线、剧情跌宕起伏引发全网催更，网友直呼看连续剧都没有这么上头！该系列经央视新闻在快手投放后，截至7月18日，仅在快手平台，10集累计曝光量3.5亿+，总播放量5479.1万+，点赞量134.1万+，评论量2.2万+，大家纷纷留言"一天投一集太少了""竟然有追剧的感觉"。

①"热乎气"催发小屏呈现。

可以说，这部新闻微纪实片是一次倒逼出来的大小屏融合，是基于主旋律题材"轻表达"的一次突破。

2022年3月，湖南台在调研中发现，湖南永州冷水滩区普利桥镇有1200亩一般性耕地，以前主要种经济作物瓜蒌，今年恰逢瓜蒌四年的改种期，继续种瓜蒌的，每亩地也要投入4000元左右的成本。为响应国家号召，镇里提出了"水稻+N"新模式，想引导村民改种水稻，在保证村民收益的同时，扩大主粮的种植面积。

是继续种瓜蒌还是改种水稻？"水稻+N"能不能行得通？

3月尚处于春耕期，普利桥的水稻品种要到8月上旬才能收获。这期间，纠结、矛盾、冲突、选择，大量真实鲜活的故事正在上演。在《焦点访谈》栏目和湖南台的沟通过程中，《焦点访谈》的编导肖津看到了湖南台记者在普利桥镇拍摄的视频片段后，被乡野间蓬勃的力量打动。比如，在镇党委副书记唐芳东开会宣传种主粮的片段中，不少村民一听到要铲瓜蒌种"水稻+N"，反问书记"你这个产品要卖到哪里去？有哪些人要买我们的东西?"甚至有村民直接抬屁股走人；好不容易做通了种植大户老雷和老周的工作，老周的媳妇却半路杀出，甚至抬手就打人。

普利桥镇的农村生活是如此鲜活生动，拍摄到的素材如此引人入胜。如果等到 8 月上旬，《焦点访谈》大屏播出，这些正在发生的故事已成旧闻，而且《焦点访谈》一期节目 15 分钟的体量也很难把这些零散的片段和花絮全数纳入。

这些鲜活生动的片段，必须趁着热乎气把它们记录下来。如果大屏不能全数呈现，通过小屏推出可不可以呢？

在多次"头脑风暴"后，《焦点访谈》栏目负责新媒体平台的陈洁提出了"微短剧"的创意。

②"重资产"投入 力促"轻表达"。

大屏思维怎么向小屏思维转变呢？为达成"轻表达"目标，他们在内容、时长、文案(旁白)、配音、剪辑风格上做文章，《普利桥种粮记》对标小屏新媒体产品。

第一，体量轻起来。

《普利桥种粮记》的拍摄量是惊人的，第二季素材总量超过 700G，最终成片比达到 1∶70，拍了几个小时的素材就用上几秒，可谓重资产投入。

同时，他们注重用大量捕捉到的生活矛盾加快剧情推进，使微视频的小体量能够承载主题性、纪实性的东西。

《普利桥种粮记》第二季呈现出明显的小切口、年轻化的表达。节目节奏更快了，时长全部缩短到 3 分钟以内，能做到每集都有矛盾冲突、叙事饱满，并且结尾处还能留下悬念。

中国人民大学新闻学院教授、博士生导师宋建武评价称："《普利桥种粮记》改变了传统主流媒体叙事的语态，按照互联网逻辑生产制作。"①在他看来，"老百姓在体会到短视频的'短平快'以后会越来越难以接受传统媒体宏大叙事的模式"。

第二，一点点磨出年轻态。

有了生动鲜活的内容，旁白文案也要活泼起来。

为贴近新媒体的个性化特色和传播规律，稿子被一遍遍修改，甚至有好几次都吵起来了。"大家愿意干啵""有些道理哩""反正你是和我们拴在一起的啦"……当地人的语言特色被一点一点磨出来。

制作团队一开始就确定不用播音腔，要用鲜活接地气的风格。经历十几版配音的反复尝试，最后确定用湖南永州的"塑料普通话"配音。最终，永州广播电视台的摄像王辉因为"塑料"得恰到好处，和人物风格高度贴切，"荣幸地"被选中。

与此同时，湖南台的剪辑神技能也派上了用场，字幕音效齐上阵。他们逐步达成了一个共识：特效包装要有效率意识。每个包装点都要有明确的信息指向，而且特效要作为叙事的补充手段，提升观众对剧情的理解，绝不能为了特效而特效。

在创作第二季文案时也有意压缩解说词和旁白比例，现场效果展现是第一选择。

节目播出后，评论区有人调侃节目组太皮了，有人说节目组看热闹不

---

① 你们敢说《普利桥种粮记》不是摆拍的？《焦点访谈》、湖南台！［EB/OL］.［2022-07-19］. http://m.sohu.com/a/569585339_593805? scm=9010.11.572002.0.0.

嫌事大，也有人说老雷这话说得不中听，还有同行提出"表情包是不是太多了?"

包装更有网络时代特征也是节目的一种尝试。除了表情包，节目组还采用了统一标题设计、加花字、配音配乐等贴近年轻用户的剪辑手法，个别集数甚至改了20多个版本。剪辑则是由以"90后"为主的年轻团队完成，结合了真人秀和小视频的风格，即在尊重事实的基础上做年轻化的表达。

第三，功夫在"诗外"，慢工出"轻"活。

《普利桥种粮记》上线后，有网友质疑，老百姓对着镜头能这么自然吗? 会不会是摆拍呀? 答案是没有摆拍只有预设。

之所以能够呈现出跌宕起伏的戏剧效果，功夫在"诗外"——拍摄团队在前期做了充分的调研和准备。

他们的身份就是驻村工作队的队员，跟着乡亲们一起吃住，自然而然就熟了，也就没有心理上的隔阂。

至于村民们会做什么，谁也不知道。预想到会有不同的声音，摄制组会提前给可能"有戏"的村民戴上无线话筒，提前架好几个机位，严阵以待。

例如，第三集里，唐满娥听说老公周方志想改种水稻，一路奔向田头，把老周"打"回去的生动画面就是用广角镜头捕捉到的突发动作。

对于新闻纪实片来讲，"纪实"意味着尽量不去干扰现场，不去美化现场，不为了画面的美感化妆或打光。通过这种"纪实"。呈现普利桥镇的原汁原味、原生原态，这也是打动观众，和观众产生共情的重要原因。

也是因为要随时随地捕捉鲜活的细节，第一季拍摄时，团队在鲁头碑村住了40多天，第二季则足足住了71天。

第四，冲突驱动，故事表达让叙述变"轻"。

"你不打农药、不杀虫的话，哪里有收成呢?""我们老百姓哪有什么技术呢?"乡亲们的担心纠结，"当官的"如何回应? 之间的冲突如何解决? 干部劝村民："你不要只打小算盘嘞!"村民："当官的，你听我说……"这些内容在十集短视频里被如实呈现。可以说，十集的微纪录片，每一集都有记忆点，每一集都有悬念。

而且，该系列节目取消了前情回顾，爆点情节提前，先讲冲突再讲过程，采用倒叙的叙事手法。

贯穿采编过程的"故事"意识，让这部片子形成了环环相扣、高潮迭起的叙事结构，每一集故事虽然短小，但逻辑完整，矛盾冲突鲜明，并延伸出新的悬念。同时保留了大量的生活细节，观众容易产生强烈的代入感。

(2) 小屏思维倒逼化整为零

对于当前主流媒体的一些鸿篇巨制，通过"化整为零"进行内容改造是必须的，也是急需的。

否则，在碎片化的阅读中，想让用户全盘接收你的内容是件非常不容易的事。无论题材多么重大，品质如何上乘，如果篇幅太大，当绝大多数用户"没时间"和"没精力"在手机端阅读完，宏大叙事就难以达成应有的宣传效果。当主流媒体倾注了大量的人力、物力和财力推出鸿篇巨制时，第一时间就要想到如何进行碎片化传播。

碎片化传播绝不是简单分拆就完事，而是要进行二次深加工。

以纪录片《大国工匠》为例。遵循"小屏思维"，完全可以将该纪录片分拆为一个又一个的小故事，通过不同的平台进行传播，让纪录片插上一个个"小而美"故事的翅膀，飞入寻常百姓家。

不同平台的用户各不相同，对内容呈现的要求也会不同，对《大国工匠》进行故事化改造时也要根据不同的平台做不同的二次深加工。比如，"知乎"平台就可以用提问的方式重新改造视频。

适应"碎片化传播"和"读屏时代"的二次创作传播，不能纪录片拍完就万事大吉，简单地改造传播是一种不负责任的行为。

(3) 小屏思维催逼形式创新

小屏思维倒逼形式创新而达成"轻表达"。

可以借助技术进步的力量，通过表达形式的改变将内容表达变轻。当视频技术实现了革命性突破时，本来用文图形式来表达的内容可以选择用短视频的形式来表达。微信朋友圈风靡一时的"军装照"等，就是通过技术手段促成"轻表达"的达成。

《制度创新——中国(上海)自由贸易试验区特别专题》就是小屏思维倒逼出形式创新，最终达成"轻表达"的典型。

单从"制度创新"这四个字来看，这组专题无疑属于重大题材报道。传统媒体时代，报纸会做很多版面，或者进行连续报道，视听媒体大多也会如此操作。但手机端这样操作的话就显得太过笨重，将传统表达范式进行简单改造后搬到 PC 端，如果不是特别感兴趣，普通用户很难集中时间和精力去看完。

在"轻表达"理念的推动下，《制度创新——中国(上海)自由贸易试验区特别专题》改用 Flash、动漫等形式，呈现上海自贸试验区建设制度创新特点，最终形成了由 12 个关键词、72 幅画面组成的漫画报道《东东"漫"游自贸区》。

采用通俗易懂的情景和对话，这组漫画报道直观清晰地表现了自贸区创新的特点，同时，配合丰富的文字和音视频报道，全面解读并跟进自贸区建设，一定程度上做到老少皆宜，传播面扩大，效果也会好很多。

同时，《四川观察》也应属于"轻表达"的一个成功案例。

关于《四川观察》，《央视观察》这样评价：质量、速度、网感三者兼具，且立下了能让观众产生互动的人设。《四川观察》把时代热点、网络热搜和宣传结合起来，用受众喜欢的形式传播他们爱看的内容，将所要表达的态度和所要宣传的思想暗含其间。内容上，跳脱出新闻账号以往的宏大叙事，更加重视个体话语表达和平民叙事视角，还经常在一本正经的内容中用一些"实名羡慕""乌云乌云快走开"等网络热词，做到以人为媒进行内容传播，链接人心，激活传播渠道……

从"轻表达"角度分析《四川观察》能够"火"的原因，大抵有以下几个方面。

首先，切口视频，让《四川观察》变"轻"。顺应视频化表达，《四川观察》以原创独家短视频为核心竞争力，以新闻事件直播为亮点，代表四川权威声音，最终成为四川时政新闻新媒体主流传播平台。

《四川观察》对互联网群体有一个清晰的认知，以"大众关心"为切入点，通过视频来吸引用户，将平台做强做大，同时，想尽办法保持平台与广大用户的黏性，提升平台辐射力和影响力。平台的影响力和品牌价值得到提升后，主流信息和主流价值观的输出就有了平台优势。

其次，坚决做到一以贯之的"轻表达"。具体表现就是"视频轻""表达轻"和"娱乐轻"等。

《四川观察》一开始就用好网络搜索功能，最大限度地网罗天下奇闻异事和非常具有关注度的短视频内容，无需投入很大的人力和物力原创，只要精心包装就可以做到"内容管饱"，这些秉承"轻表达"生产出来的短视频内容使得《四川观察》一面世就与广大用户产生了比较好的黏性。

最后，在"轻表达"理念的指引下，充分做到"发动群众"，通过 PGC

内容生产模式源源不断输送内容。

(三)"换角度"的和而不同

关于"换角度"，先跟大家分享一个罗振宇 2024"时间的朋友"跨年演讲中提到的一个段子——

> 话说，电视系的一位同学，有一次要交一份电视纪录片的作业。但是他拖到最后一天下午，什么也没干。要知道，做一条片子，要拍，要写，要编，工作量很大的。
>
> 那他怎么交作业呢？
>
> 最后一天下午，他借了摄像机，打开镜头盖，开机，拖着摄像机在学校的草丛里、树荫下走了一圈。也没有编辑，原始素材一刀没剪，就把这条片子交上去了。
>
> 据说，这份作业得到了老师疯狂的表扬。为什么呢？因为他给这条片子取了一个名字——《狗眼看世界》。
>
> 这个段子听起来荒诞，但是对我后来的工作启发巨大。
>
> 它告诉我，虽然世界还是那个世界，但只要肯换角度，哪怕只是镜头的位置稍微低一点，总能发现一些惊喜。[1]

从这个段子可以看出换角度的重要性。在商业领域流传着许多因为角度选择而成功的案例，比较典型的是口香糖。口香糖最早是在美国杂货铺

---

[1] 罗振宇 2024"时间的朋友"跨年演讲全文稿[EB/OL].[2024-01-10].http://finance.sina.com.cn/china/2024-01-01/doc_imzzyuwh6797453.shtml.

随商品免费赠送的，一个美国人却看中了这个商机，通过对口香糖工艺的改进，将小小口香糖生意做到了全世界，成为角度制胜的一个典型案例。

1. 进一步有进一步的惊喜

以"汽车尾气处理液"推文创作为例。

汽车尾气处理液是中石化曾经推出的一个产品，通过加注汽车尾气处理液，减少汽油燃烧对大气的污染，还可以延长汽车寿命。

笔者创作这篇推文时曾六易其稿。分别是：①使用汽车尾气处理液减少污染；②使用汽车尾气处理液与汽车寿命；③汽车尾气处理液与12岁孩子患了肺癌；④"国五"标准用油与汽车尾气处理液；⑤汽车尾气处理液的推广尴尬；⑥从你放的屁中看健康。最终定下的标题是：《天怒人怨一笑而过的"屁"事害人又害己》。

首先，最后一稿和第一稿文风完全不同。第一稿是消息的写法。虽然减少污染人人有责，但如果需要个人花钱，很难成为一种自觉行动，最后一稿站在关注用户的角度，跟大家唠家常或做科普，写作空间顿时变大。其次，角度从关注污染变成关注人的健康后，对每一个用户来说更具有关联性，内容的关注度比第一稿要强，内容外延也得到了拓展，从开车人关注到大众关注。最后，将"放屁"与"汽车尾气处理液"进行强关联，既强化了"与我有关"，也有了挖掘汽车尾气处理液内涵的空间。

从"汽车尾气处理液"推文创作来看，内容生产如果经过了换角度，往往会有一种脱胎换骨的变化，价值就有可能得到极大的实现。当然，最终稿不一定就是最好的，但是这是一个再思考再加工的过程。

"汽车尾气处理液"推文创作的"换角度"实践提醒我们，进行内容创作时，不要担心路途遥远，进一步有进一步的惊喜。

2. 角度具有第一位的意义

如何换角度，传统媒体时代和融合媒体时代是和而不同。

首先，内容创作的基本规律经过了历史长河的验证，具有科学性和可行性，进入融合媒体时代，不能说"换角度"的基本规律就不存在。其次，融合媒体时代传播生态发生了很大变化，"换角度"也要注入新的考量。

内容创作上，好的角度往往可以收到出奇制胜的效果。周恩来总理日内瓦会议上的神来一笔，给角度选择的重要性做了一个很好的注解。

1954 年，周恩来总理参加日内瓦会议，中国代表团准备在见面会上放映我国第一部彩色电影《梁山伯与祝英台》。《梁山伯与祝英台》是中国的越剧，老外们怎么能看懂呢？工作人员写了一份长达 15 页纸的影评，从背景、意义、演员阵容、对话台词等方面都用英文做了详细的说明，报给了周总理。

周总理给的意见是，只需写上"请欣赏中国的罗密欧与朱丽叶——《梁山伯与祝英台》"就行了，其余不必做过多解释。

将《梁山伯与祝英台》与《罗密欧与朱丽叶》关联起来，一下子就让外国友人对《梁山伯与祝英台》这部电影的认知更加清晰，这在广告学中被称作比附定位。

在内容创作中，广告学中的比附定位随处可见，用好了能有事半功倍的效果。比如，我们经常看到"某某地方就是小香港"，"某某地方犹如厦门的鼓浪屿"等。一个比附定位催生出的内容可以省去很多文字叙述。鼓浪屿也好，小香港也好，在人们心中的印象已经很深了，信息量传递本身就很大。

这就是角度的魅力，也是"角度具有第一位的意义"很好的注解。

3. 角度选取的基本遵循

以新闻角度选择为例。

第一，角度的选取在于追求新闻价值。选好新闻角度，有了好的新闻价值，才能够最大限度地吸引受众，使某件事实发挥出对社会的最大影响，而不是人们常说的博眼球。无论是在传统媒体时代还是融合媒体时代，内容价值的追求是根本。

第二，角度是寻找、挖掘和叙述新闻事实的着眼点和侧重点。角度的不同决定了观察事物的不同，也会形成不同的认知。不同媒体有不同的关注点和侧重点，用户也好，受众也好，对待同样的事件也会有不同的兴趣点和不同于别人的解读，选取角度时，要兼顾媒体属性和用户群特点。

第三，当下新闻媒介的竞争不完全是信息快慢和多寡的比拼，更多的是新闻角度的竞争，以及由此造成的新闻文本的不同。在传统媒体时代，日报因为每天出版，报道角度需抢占事件的第一落点，周报就必须抢占事件的第二落点，偏重于背景和深度的挖掘。

同时，在同一件事情的报道上，主流媒体和社交类媒体的角度也会有很大不同。主流媒体偏向于强调政治和政策性角度，社交类媒体强调社会性和服务性角度等。融合媒体时代，为提高市场竞争力，主流媒体的新媒体平台开始重视服务性，关注用户角度。

第四，在角度的寻找过程中，要处理好事实中有新闻价值的部分与其他部分的关系，不能因追求角度而造成失实。

角度选择一般从以下几点入手：接触事实的角度、观察事实的角度、分析事实的角度、截选事实的角度。

不同媒体的选题角度不同，这跟媒体的目标用户和本身定位有关，因此在取材角度上也会有各自不同的角度。在中美舆论战的大背景下，新华社转发外媒报道时，跟外媒的角度可能大相径庭。新华社在转发美国前国务卿蓬佩奥的报道时，会从"留言"中选取不同角度进行报道。

选择角度时需要遵循三个原则：能否揭示事物的本质或说明问题；是否对某方面工作有影响或有指导意义；是否适应用户心理，贴近用户。

4. "换角度"的"不同"

融合媒体时代与传统媒体时代"换角度"也有不同。

"换角度"与标题制作紧密相联，融合媒体时代，标题多维度用事实说话激发悬念，角度也随之发生变化。相较于传统媒体时代，融合媒体时代"换角度"的内生动力和着力点是最大限度做到"与我有关"，继而促成互动。

角度一变，牵一发而动全身，内容的外延和内涵都会发生相应的变化，文风也要随之改变。"与我有关"的角度就是找到最佳触达点，通过角度的变化尽量拓展与用户的关联，进一步挖掘和放大新闻价值，同时，增强与不同用户之间的互动与联系。

做到"与我有关"需要在内容锐化和泛化的开掘上做足文章，在针对性和普适性两个方面发力，以期找到更多更密切的关注。

找到独特角度的过程是一个价值挖掘和包装的过程，也是内容价值重塑的过程。

[案例一]

电视剧《三十而已》播出后，一家医院在自己单位的公众号上推送了一篇介绍医院整形科的内容，其实就是广告式的软文。

开头是"爆红电视剧《三十而已》让年龄焦虑成为全网关注的热点，刚刚大结局，小伙伴们还意犹未尽，大家在这部剧男女主人公的身上或多或少看到了自己的影子……三十岁一到，会发现各种各样的麻烦问题接踵而至。每走一步都是在人生的 N 岔路口"。

紧接着写了 6 个三十岁以上的患者求医整形的事，旨在通过这 6 位患者的故事，推介医院的整形项目。

看完后发现，此文以《三十而已》开篇，文内提到的几位，都是"三十+"，而且"+"很多，立即给人硬凑热点的嫌疑。关键是，除了开头煞有介事地提及《三十而已》，全文就是整形手术介绍，与"三十而已"几无关联。

寄希望通过这样的推送收获用户的了解和信任，实在勉强。呜呼的是，到如今，这种推荐方式互联网上遍地都是，很多人还奉为圭臬。

就汤下面，为这篇推文做个"手术"。

标题从《六大常见扎心问题，医生给你"整清楚"》变为《都漂亮都挺好"三十而已"不靠脸吃饭?》

①改后标题真正围绕《三十而已》展开，推介的信息有了新闻性不说，还有了话题讨论空间，增强了互动性，也决定了此篇推文应该不止手术推介那么简单。

②角度变化后，新闻性增强的同时，内容外延也得到了有效拓展，从关注美容的人关注，变成对"三十岁"话题的关注，无论是关注度还是关注人群，都得到了有效提升。

③可以通过美容故事讲述，赋予美容时代内涵，推介美容手术和相关知识也就水到渠成或顺理成章了。行文的逻辑和架构推倒重来，故事化表达将成为这篇推文的主要形式，文风也将大不同。

通过角度变化，推文的温度、维度、深度等可以得到很好的拓展，内容价值也将得到增强，传播效果也大幅提升。

[案例二]

开学时，围绕"开学"的话题自然多了起来，《开学！这件事关乎孩子健康！不少家长忽视》这篇推文讲的是过敏原检查的事。以"寒假作业""防疫"开头，然后直接过渡到"食物过敏"，最终兜售过敏原检测。这样的处理是常规思路或者套路，但会给人诱导消费的嫌疑。

这里也为这篇推文做个"手术"。

本着让父母自己去做决定的理念展开创作，达成引导消费而不是诱导消费。标题改为《散养不是心大　"神兽"归笼这件事少人想到》。还是围绕"开学"来创作。只不过"开学"不只是一个开头，而是通过"开学"，探讨"散养"还是"精养"，让"开学谈孩子教育问题"成为"顺理成章"。

文章的主旨是话题讨论，行文空间顿时大了许多，也为维度和深度的拓展提供了空间。与此同时，从讲述"散养"和"精养"的故事入手，引发共鸣和共情，然后宕开一笔，通过一个由于过度"散养"导致入学时没有做过敏原检测导致的悲剧故事，顺势过渡到过敏原检测。此时，往往只需"顺嘴提一句"就能够抓住用户的神经，达成引导消费而不是诱导消费。

一个是"引导"，一个是"诱导"；一个是"故事"和"话题"传播，娓娓道来，一个是挖空心思，挂羊头卖狗肉……效果一定迥然不同。

同时，前面两个例子都可以归为"蹭热点"，从"蹭热点"看，切忌两张皮，不然就是画虎不成反类犬。

从"换角度"来看，角度一变，达成闻弦歌而知雅意的效果后，顿时豁然开朗。

曾经，一家医院的公众号以《重磅，某某某受到表彰》为题发布了两个获奖消息，讲的是该医院的书记和院长疫情期间身先士卒获得表彰的事。

疫情期间，表彰医务工作者的内容比较多，很多事迹让大众颇为感动。但将表彰文件搬到公众号上去，效果却平平。如果想在呈现这一信息时，让用户能被内容吸引，领导看了也满意，不妨换个角度进行内容创作：以表彰为契机做人物报道，将火力集中在如何回答好"卓越建树"和"最美巾帼"（获奖的称号）上来。

比如，文内提到了一位领导是湖北省的"泌尿一把刀"，这个信息点是很多用户并不熟知的，也是大家感兴趣的。于是，标题可以改为《"泌尿一把刀"获评……》，将着力点放在人们关注的"泌尿一把刀"上，写大众感兴趣的专业造诣和专业精神，用户在获取与自身利益相关的信息时，自然拉近了人物与用户的关系，从而很好地做到"与我有关"。

趁着这次表彰讲"泌尿一把刀"的故事和"泌尿一把刀"在疫情期间的故事，跟简单地将获奖信息搬到网上相比，传播性可谓大相径庭。

从荣誉和事迹中抽离出来，重点讲好人物故事，荣誉和人物就能够相得益彰，互相拱卫，人物形象丰满了，奖项的内涵、含金量和价值也跟着起来了。

换角度后，文风也将随之改变。

为让人物形象不端着，更亲民，创作者就得把领导当人写，而不是只当领导来写。不去做简单的事迹罗列，多写一些大白话，少一些拔高和官腔，将人物写活、写实，让人物形象丰满起来，鲜活起来。

比起单纯的事迹罗列，人物通讯需要秉承"在过程中打败自己，在结果上打败别人"的信念来做好内容创作。

一旦针对新媒体特征"改文风"和"换角度"，内容价值就有可能成"天翻地覆慨而慷"，换了人间。

好文字是改出来的，内容大厦是一砖一瓦堆起来的。融合媒体时代，在内容垃圾满天飞的时候,"改文风和换角度"就显得尤为急迫。这个过程(路径)令人痛苦,但结果却令人憧憬和欢喜,得学会享受这个过程。

一旦有了精品意识,互联网垃圾就越少,这也是对清网行动的实力支持。

"故事"篇

一个好故事胜过一堆大道理

——故事创作的"既有意思又有意义"达成

任何人生故事都有两个版本。

——凉子 @凉子访谈录

"改文风"和"换角度"可以通过讲好一个故事来承载。相较于其他表达方式，故事和故事化表达本身就有着角度和文风的不同。

故事能见天地见众生见自己，口口相传的是故事，津津乐道的是故事。故事时代早已来临，讲好故事与是传统媒体时代还是融合媒体时代无关。

融合媒体时代故事满天飞，有意思的多，有意义的也多，既有意思又有意义的少，好故事依然是稀缺品。

无论是站在产品和品牌宣传的角度，还是站在讲好中国故事的高度，融合媒体时代，做好故事驱动，故事传播和故事化表达已成趋势。

本章跟大家分享故事创作在坚守真实性原则后的"冲突驱动，重大突破"或"既有意思又有意义"路径。

一、"既有意思又有意义"的一地鸡毛

"长津湖"中的那句"这场仗我们不打，就是我们的下一代要打"。到

底该如何处理才是最真实？

进入融合媒体时代，互联网上的故事多了起来，似乎形成一种不故事无传播的态势。

然而，目前互联网上充斥着大量一般性或套路般的故事，好故事依然是稀缺品。望着满屏的故事，杨绛先生那句"一地鸡毛是日常"很是形象地传递出当前故事创作和故事化表达的景象。

（一）广告的"自以为是"

融合媒体时代，故事和故事化表达的受宠有一种时势造英雄的味道，很多广告的"自以为是"和很多宣传的"各取所需"抬高了故事在融合媒体时代的地位。

不妨看一下几十年前一家百货公司的广告，是如何改变百货公司"便宜无好货"的观念。

标题：慷慨地以旧换新

副标：带来你的太太，只要几块钱……

我们将给你一位新女人

正文：为什么你硬是欺骗自己，认为你买不起最新的与最好的东西？在奥尔巴克百货公司，你不必为买美丽的东西而付高价。有无数种衣物供你选择——一切全新，一切使你兴奋。

现在就把你的太太带给我们，我们会把她换成可爱的新女人——仅仅花几块钱而已，这将是你有生以来最轻松愉快的付款。

做千百万的生意，赚几分钱的利润。

这则广告的科学性具体体现在概念高级，逻辑清晰，表达真诚。

"替你换个新女人"，角度新颖；"以旧换新"，概念新奇；"为什么你硬是欺骗自己"，找到痛点；"便宜无好货"，敢于颠覆和有态度；"最轻松愉快的付款"，传递好的体验感；"做千百万的生意，赚几分钱的利润"，"物美价廉"理念表达到位。整个表达层层递进，娓娓道来，是一种很高级的广告说服艺术。

然而，有些广告却满满的"自以为是"。

先来看看"象牙牌香皂"广告。这则广告大概的意思是：一款能漂在水面而不沉底的肥皂。用了这款产品，顾客再也不用在浑浊的洗衣桶下找肥皂了，既节省时间，又不影响心情。

这则广告的逻辑是：最好的肥皂能漂起来，我们的肥皂能漂起来，所以我们的肥皂是最好的。典型的逻辑不通。

由于不科学的广告铺天盖地，消费者慢慢对广告传递的信息持怀疑态度，甚至提出质疑。

与广告"自以为是"并行的是，广告的好光景可谓每况愈下。

(二) 宣传的"各取所需"

外交部发言人华春莹曾经说："希望你们报道的时候能够真实地引用我的原话，不要演绎。"

无论是疫情报道还是其他方面的报道，西方媒体在报道当代中国时，双标立场过于明显。他们总在有针对性地寻找他们需要的素材，对中国的和平崛起和合理诉求等视而不见。

不仅仅是对中国，美国国内也一样存在双标立场。比如，在报道特朗普时，美国两党下面的媒体，面对同一个事情，态度和观点也会大相径庭。

面对各种各样的宣传信息时，普通受众或者用户只能坚守不要一面之词，以事实为准绳。

（三）故事的万千宠爱

"没用的说一堆，当然引起反感；有用的一句不说，必然疑虑丛生。"将这句话用在当今的一些广告和宣传上，比较形象。

稍加延展就是，任你说得天花乱坠我只相信我看到的事实（故事）。

"将逻辑清晰的信息包裹于情感之中，并用强大附着力进行传播，就是故事。"①

讲故事就是对人性与社会现实、人性与真实世界之间的关系进行广阔而深入的了解，精彩的故事能够吸引人们的注意力，最终产生意义深远的情感体验。故事能唤起情感是因为故事中的人物让我们感同身受，而意义深远则是因为主角的行为让我们洞悉人生。

郑永年教授接受微信公众号"IPP 评论"访谈时指出："中国从近代以来已经经历了两次开放。第一次是 1840 年代的被迫开放，鸦片战争让我们的大门被英国炮舰打开了。第二次是 1980 年代的主动开放，也就有了

---

① ［美］罗伯特·麦基，托马斯·格雷丝. 故事经济学［M］. 陶矇，译. 天津：天津人民出版社，2018.

我们改革开放的四十年。现在要开始第三次开放。"①有人从另一个角度对这三次大开放做了一个解读，第一次大开放解决的是挨打问题；第二次大开放解决的是挨饿问题；第三次大开放需要解决的是挨骂问题。

因此，第三次开放特别需要我们讲好中国故事。

当东西方文化博弈和意识形态斗争成为新战场、主战场时，我们需要用故事去抵达真实，用故事去加深信任，用故事去催生共识，让世界通过故事了解中国和懂得中国。

好故事胜过一堆大道理。

融合媒体时代，无论是文化博弈还是意识形态斗争，讲好中国故事是一个有力的抓手，品牌也一样。

在故事化营销的助力下，有创新精神的品牌将有机会用故事改变消费者看待世界的角度。融合媒体时代，当传播的范围越来越大，传播的效率越来越高时，故事和故事化表达可谓生逢其时，实力受宠。

(四)故事和故事化表达的"四化"

理想很丰满，现实很骨感。虽然人们对故事和故事化表达倾注心力和热情，但是讲好故事和做好故事化表达却非易事。融合媒体时代初期，故事和故事化表达主要存在以下四个方面的问题。

1. 套路化

互联网的洞开，可仿效甚至可复制粘贴的故事创意唾手可得，故事创

---

① 郑永年：2021，中国第三次开放的元年［EB/OL］.［2023-12-20］.http://www.163.com/dy/article/GOPIUHE40514C945.html.

意搬运大军开始套路化操作，网上雷同的故事创意蔚为大观。

最为典型的，短视频领域充斥着各种创意克隆故事，有的故事创意甚至全盘照抄。

如果品牌故事创作也纷纷仿效，来个全盘照抄，不仅无法助力品牌形象的提升，还会让人对这个品牌形成不好的印象。因为，当输出的品牌故事内容套路化，用户在心中就会将故事创意能力和品牌创新能力画上等号，导致在用户心中形成"这个品牌没有创造力"的认知。

作为品牌来说，如果没有讲好故事的能力，不如不讲。

2. 噱头化

噱头化是指故事化表达与主题几乎没什么内在联系，俗称"两张皮"现象。

融合媒体时代初期，故事表达的"噱头化现象"遍地都是。比如，在"路径篇"中分享的几家医院的推文案例就很具有代表性。

第一个例子是"开学过敏原检测"这篇推文。原文的结构是：①一个孩子开学时发生的过敏故事；②过敏的问题常常被忽视；③过敏问题影响和伴随孩子的一生；④诸多过敏故事做论据，专家论述过敏检测的重要性和必要性；⑤开学前做"过敏检测"的必要性；⑥过敏知识的普及等。

这篇推文就是"蹭热点"。姑且不论这个"蹭热点"用得如何，站在故事化表达的角度，对这篇推文做一个改造，效果可能会加倍。

集中火力讲一个传播性强、忽视过敏原检测的悲剧故事，通过悲剧故事的传播，引起人们对过敏原检测的重视，强化过敏原检测的及时性和重要性，广告宣传就附着在故事里得到用户的关注。

如此的故事化表达与原文的"噱头"式表达具有本质不同：一个是故事

传播口口相传，另一个滑入"宣传"和"广告"的窠臼，还形成逆反，传播效果大相径庭。

第二个例子是"乳腺探查术"的宣传。原文的结构是：①通过 34 岁郭女士的治疗故事引出乳腺炎怎么治疗；②保守治疗：效果不好，称为"不死的癌症"；③手术全切：乳房全切可以根除；④乳腺探查：保住乳房的同时根除病灶。

这也是典型的"噱头化"表达方式。如果进行故事化改造，整篇推文的重心就会变，不是简单将这个故事当成噱头，而是重点落墨"34 岁郭女士的治疗故事"的方方面面，展示"34 岁女士"在"保守治疗"和"手术全切"之间产生的生理、心理、情感、家庭、生活方面的矛盾冲突，最终引出乳腺探查术是如何保住乳房的同时还可以根除"不死的癌症"。

参考标题可为《从"烂苹果"到温润如初　少妇"乳"释重负——乳腺探查术：自己的人生自己做主》之类。

相较于原文的简单"蹭热点"，乳腺探查术的故事化表达可以在"34 岁""少妇""不死的癌症"等极具传播性符号的驱动下，强化故事的传播性，宣传效果顺利达成。

第三个例子是"心脏搭桥"案例。

网上流传着一个"王石日本装 6 个支架"的故事。故事大概是这样：经人介绍，日本某家医院在心血管上技术顶尖；王石先后两次去日本就医；第一次没预约上，但日本医生的责任感和耐心驱使他再去日本；然后从"让我说几件琐碎的事"的角度，将日本第二次就医的全过程娓娓道来，自然引出"不必切口的造影（神奇）""冠心病朋友故事""量血压故事""抽血故事""护理员故事""费用""餐饮""学习""退税"等。

整篇推介全在客观叙述事实，没有任何主观性的语言，给人感觉真实可信，没有一丝的宣传和广告痕迹。

相较于前面两个宣传目的过于明显的"噱头化"故事表达，"王石日本看病实录"的故事化表达效果就很好地达成了。

真正从故事出发，不仅可以有效规避宣传味太浓遭人反感，达到润物细无声的效果，还可以变诱导消费为引导消费，传播效果完全不同。噱头式广告和宣传犹如说教，故事讲述则是摆事实讲道理，传播性和说服力截然不同。

3. 空心化

很多故事化表达无细节，没血没肉，感觉像个空架子，如同干尸一般没有生命力。空心化指向的是"细节"，表现方式为"干巴"。

套路化的故事大多也涉嫌空心化，具体表现为故事没有用事实说话，充斥着较多主观性表达，输出观点和态度时缺乏事实支撑，缺乏鲜活而又真实的细节，故事讲述平铺直叙，味同嚼蜡，也就奢谈传播效果了。

故事要能深入人心才有好的传播效果，而深入人心不能没有细节。细节也是当今很多故事创作和故事化表达时经常被忽视的，一是不知道细节的重要性，二是没有挖掘出细节。

4. 魔幻化

故事创作应该是源于生活高于生活，但有些故事不是科幻题材却给人带来魔幻般的感觉，与生活和真实脱节，缺乏逻辑。

魔幻化有很多表现方式，融合媒体时代一些故事表现最为突出的是反转手法的运用。事实是，当大部分冲突和反转通过"巧合"的形式缝合，再以"现实"的形式呈现，才是对现实生活的贬低。

很多具有反转情节的故事能够引人入胜或者令人捧腹,但如果人为痕迹太重,只能短暂地迎合人们的心理,结果则是一笑而过,看过就忘。

(五)真实性"成为问题"

达成"既有意思又有意义"有一个根本遵循,那就是真实性原则,离开真实性,故事传播效果也就没了根基。

真实性主要体现为逻辑真实和情感真实。缺乏这两个方面的真实,故事和故事化表达也只是徒有其表,空洞乏力。

无论是传统媒体时代还是融合媒体时代,故事的真实性一直是个问题,个中原因也比较复杂,但必须加以重视。故事的真实性达成可从以下几个故事中找到相关遵循。

1. 哈佛文学教授的索尔仁尼琴故事

哈佛一位文学教授在介绍俄国批判现实文学时,将教室的窗帘全部拉上,关上灯,教室漆黑一片。教授在黑暗中点起一支蜡烛,黑暗中有了一丝光亮,"这是普希金",他对学生们说。教授又点起一支蜡烛,"这是果戈理"。教授走到教室门口,打开灯:"这是契诃夫。"他又走到窗边,猛地拉开窗帘,耀眼的阳光洒满教室。教授说:"这就是托尔斯泰。"

然而故事并没有结束,再后来,教室窗帘被拉上,灯也熄灭了,漆黑一片中,只有一个微弱的烛光摇曳,教授说:"这就是索尔仁尼琴,因为一句真话比整个世界的分量还重。"(索尔仁尼琴被称为"俄罗斯的良心"。1970年,"因为追求俄罗斯文学不可或缺的传统时所具有的道义的力量"获得诺贝尔文学奖。)

从这个故事不难看出，"真"对于这个世界是何等重要。同理，故事如果失真，奢谈力量。

"真"的基本义是本质、本性，引申为真实，又指明确清楚，"真"也指人或事物的原样、本样。融合媒体时代，当各种套路般的故事满天飞时，故事和故事化表达的"真"就更显可贵。

当故事创作的各种方法、技巧多得令人目不暇接时，故事和故事化表达归真是一种大道至简，也是不二选择。

做到了逻辑真实和情感真实，哪怕表达粗糙点，也不失为一个好故事。很多故事和故事化表达很难做到逻辑真实和情感真实，导致很多影视作品很难打动人、感染人。

进入融合媒体时代后，由于技术力量的加持，很多故事化表达，尤其是视频故事朝着"大制作"和"技术化"方向狂飙突进，在迷恋于"大制作"带来的视觉冲击和"技术化"带来的便利时，也造成了一段时间里很多电影和视频产品缺乏思想和灵魂，本质就是缺乏逻辑真实和情感真实。

一些品牌或形象宣传片，电影和广告，似乎都在刻意追求所谓的大制作，细看后却发现内容空洞。

明明知道真实重要，为什么很多故事和故事化表达却无法做到？是故事创意能力匮乏？是宣传思维作祟？还是根本没找到故事真正的价值点或报道角度？

无论什么原因，先必须承认，互联网的洞开，极大地解决了信息不对称的问题，人们对是否真实的判断力有了质的提升。如果依然抱着惯性宣传思维和低估用户的需求，故事和故事化表达就会毫无效果可言。

2. "二舅"的样本意义

因为给人感觉真实，"二舅"火遍全网，也是因为视频中的一些事实失真，"二舅"开始遭人嫌弃。

从故事化表达的真实达成来看，"二舅"具有样本意义。

"传媒茶话会"推送的一篇写"二舅"的文字开头这样说：耐心是互联网时代人们能给出的最高敬意之一。11分钟，几乎是短视频的"死亡时间"，做得也挺粗糙，有人调侃"全是感情毫无技巧"，但成千上万的网友，几乎一帧不跳地看完了。这条短片能够打动人心，重要的一点就是给人感觉很真实，也是因为真实，这则视频就有了尖锐的打动，安静的震撼。

该文指出，首先，"二舅"的表达真实源于对生活的观察，对细节的刻画。

视频用很平淡的语气说着二舅花光了半辈子积蓄给养女买婚房，画面里出现的是发黄的笔记本上记录下的12元、16元、14元、6元……的账单；在讲"不管修啥，二舅总有办法"时，画面就相应出现二舅修过的插线板、燃气灶、床头灯……中国传媒大学电视学院教授、博士生导师曾祥敏认为，这份真实透露出二舅自我悦纳的人生。①

其次，"二舅"的表达真实也体现在平铺直叙的叙事方式和粗粝的画面。

"尽管画面大多用手机拍摄，没有精致细腻的特写，也不见大气磅礴的远景；尽管镜头画面看上去较为粗粝，但其对镜头剪辑的巧妙编排使画面与文案有机融合，在旁白或生动、或深邃的讲述上带给受众视觉

---

① 传媒茶话会. "二舅"刷屏！我们发现了它的流量密码[EB/OL]. [2022-07-27]. https://mp.weixin.qq.com/s/jTeaKYe0NkNiODVW0Fc7SQ.

的张力。"①

故事刚开始讲述时，先放出一张能讲故事的脸，在谈及生老病死的中国哲学时，镜头给到静静独坐在院子里的姥姥，在视频的最后，二舅沿着山坡拾级而上的背影……这些画面语言的巧妙设计，进一步延伸了文字所传达的意义，强化了受众对故事的感性认知，也通过视觉的张力表现出二舅坚韧的生命力。

同时，这篇推文指出，这段视频在情感表达上也是非常到位的。

情感可以迅速传染，一传十，十传百，以至形成一种现象级的传播。公众在看完短片后，齐刷刷地在屏幕上打上"敬二舅"，这就是情感的力量。一位网友在看完视频后表示："这部片子普通而平凡，不着急不刻意，他的感情就像流水哗啦啦般流到我心里，自然完整。"

3. "我老婆?"的现实反讽

探讨故事真实性达成，2020 年武汉疫情时发生的一个真实故事非常具有典型意义。

这个故事是关于一个即将因感染新冠病毒而去世的男人留下的一张字条，字条上歪歪扭扭地写了几个极其模糊难认的字：遗体捐给国家，我老婆?

这一信息迅速通过社交媒体传播，引起了强烈的反响。一些主流媒体在报道时，竟将"我老婆?"给删掉了，引来骂声一片。

删掉"我老婆?"的动机是什么？从根本上讲，删掉"我老婆?"是传播

① 传媒茶话会. "二舅"刷屏！我们发现了它的流量密码[EB/OL]. [2022-07-27]. https://mp.weixin.qq.com/s/jTeaKYe0NkNiODVW0Fc7SQ.

这个故事的时候没有坚守真实原则。"我老婆?"这三个字可谓这个即将离世的男人内心当时最真实的想法,也是最能打动人的。

如果只是"遗体捐献给国家",没有"我老婆?",就如网上很多故事一样,没有血肉,没有细节,没有背景,没有情感……直至失去了故事真实性,传播效果大打折扣。

关于真实,孙玉胜同志在他的《十年》这本书中有这样一段话:"人们喜欢看真实的、不加修饰的东西,这是天性;观众已经越来越多地要求用自己的眼睛去评判银幕中所展示的一切,这样的要求没有理由被忽视。"[1]他还引用了当时一位编导的话:"像爱护眼睛一样爱护你拍到的现场,像呵护孩子一样呵护你发现的细节——这是一种'电视文明',是对观众真正的尊重。"[2]

现实中,不少故事创作没有做到情感真实。比如,很多影视剧故事、品牌故事给人感觉假惺惺的,总让人出戏。

《长津湖》中那句"这场仗我们不打,就是我们的下一代要打"的处理就值得商榷。这句话是铿锵有力地讲出来更显真实,还是两位战士聊天时随口说出来更真实,值得探讨。

这句话的真实性毋庸置疑,表达的时候应将其放在一个真实的环境,包括人物关系和语气都要去真实还原,这涉及真实的艺术性表达。笔者认为,这句话可以是怒吼出来,也可以是两位战士聊天时说出来,而影片中的处理方式缺乏一种真实感,让人无法沉浸其中,甚至稍稍让人有一种出戏的感觉。

本来非常能引起共鸣的语言,如果从中看出明显的人为设计痕迹,就

---

① 孙玉胜. 十年[M]. 北京:人民文学出版社,2021.
② 孙玉胜. 十年[M]. 北京:人民文学出版社,2021.

会失真，一旦让人觉得失真，传播效果就会大打折扣。

情感表达一旦太过用力，就会给人不真实的感觉，也就难以融入和共情，所以要注意"知止"和"留白"。比如，视听作品表达时，导演可以通过音乐、镜头蒙太奇等视听语言的组合来表达情感和叙述故事，减轻演员表演的压力。

4.《理想之城》的荒诞争论

研讨《理想之城》剧本时就曾有"戏剧冲突"不够的争论：一是，有人建议把女主角的身世与她的职场选择挂钩，让她"深入敌营替父报仇"，来增强戏剧冲突。二是，一位主创让编剧删减该剧中一些生活化的细节。比如有一场戏，剧中女主角遭遇领导和男友双重背叛后，父亲前来探望，送来家里做的饭菜，就被这位主创评价为"没什么意思"，应该删减。

首先，为了增加戏剧冲突性强行增加"深入敌营替父报仇"这一情节，远离了生活和真实，或者叫没根没据的想象。当情节充满着各种令人想象不到，且各种矛盾集于一个故事中时，可谓远离了真实，最终沦落为荒诞。

其次，女儿遭受双重打击时，父亲从家乡赶来为女儿做一顿饭的情节是非常生活化的，也是真实生活的写照。按照很多影视剧的传统套路，将父亲的情绪表现得更加激烈也未尝不可，但是，无言的行动支持其实更有力，更温暖，更真实。用给女儿做一顿饭这个情节来处理，看似表面波澜不惊，内心是静水流深，会让人感同身受，且不缺乏内在的戏剧冲突。

事实上，关于剧本争论的这两个建议其实走向了"真实"的反面。

二、"既有意思又有意义"的岁月静好

"故事是一系列由冲突驱动的动态递进的事件，在人物的生活中引发

了意义重大的改变。"①故事创作的关键词可以是"冲突驱动"和"重大改变"。内在逻辑上，"冲突驱动"和"重大改变"与"既有意思又有意义"一脉相承。

下面从短故事、长故事和品牌故事创作三个维度，探寻故事达成岁月静好的路径或方法。

（一）短故事的"短小精悍"

短故事是相较于长故事的内容体量要小得多的故事。

融合媒体时代，由于"读屏时代"和"碎片化阅读"，短故事传播成浩浩汤汤之势。从故事的定义出发，短故事需要在最短的时间内做到"冲突驱动"和"重大改变"，继而达成"既有意思又有意义"，是"短小精悍"。

"最佳段子"和"最佳微小说"都是一个个短故事。

（1）根治

问：如果狗仔不再偷拍明星而转向偷拍官员，那贪官污吏会不会得到根治？答：会！狗仔将会得到根治。

（2）道德危机

道德危机的最大悲哀，不是社会道德水平下滑，不是失去了道德底线，不是少了道德模范……

道德危机最大的悲哀是：那些失去道德底线的人，在给那些坚持道德底线的人上道德课。

---

① ［美］罗伯特·麦基，托马斯·格雷丝. 故事经济学［M］. 陶矇，译. 天津：天津人民出版社，2018.

（3）信仰

"信仰是什么?"

"你走过大桥吗?"

"走过。"

"桥上有栏杆吗?"

"有。"

"你过桥的时候扶栏杆吗?"

"不扶。"

"那么，栏杆对你来说就没用了?"

"当然有用了，没有栏杆护着，掉下去怎么办!"

"可是你并没有扶栏杆啊!"

"哎，是啊! 有栏杆，可我并不扶; 可是没有，我会害怕，这是怎么回事啊?"

"这就是信仰。信仰就是桥上的栏杆。它立在你身边护着你，你不需要握住它，却感到生命有了保障。"

（4）高档消费

今天我问一个朋友:"你去过高级场所消费过吗?"

朋友想了想问我:"医院算吗?"

（5）《散步》

一女孩在违背父亲的意愿下结婚，离婚，父女反目，生活贫困并携一子。其母心愿，劝女儿趁其父散步的空闲带着儿子回家吃顿热饭。于是便常带着儿子刻意避开父亲回娘家吃饭。直到一日下雨，祖孙三人在社区偶遇回避不及，父亲尴尬道:"以后回家吃饭就别躲躲藏藏的，害得我下大雨都得出来!"

（6）《墙下》

某男生高中时沉迷网络，时常半夜翻墙出校上网。一晚他照例翻墙，翻到一半即拔足狂奔而归，面色古怪，问之不语。从此认真读书，不再上网，学校盛传他见鬼了。

后来他考上名校，昔日同学问及此事，他沉默良久说："那天父亲来送生活费，父亲舍不得住旅馆，在墙下坐了一夜。"

（7）《染发》

今天爸爸在家自己染头。我就笑他："爸，你都快60了还染头发干吗啊，还想返老还童啊？"我爸说："每次我回老家前都把头发染黑，那样你奶奶看见就会以为我还年轻，她也不老了。"

以上"最佳段子"和"最佳微小说"有一个共性规律：在很短的篇幅和时间里做到了"冲突驱动"和"重大改变"。

一是秉承事实说话，通过反转或悬念直接达成"冲突驱动"和"有意思"。这里的直接是指没有什么前戏，类似于不管不顾地直奔主题。

二是秉承事实说话，用事实传递观点和态度，达成"重大改变"和"有意义"。不是故意拔高的浅水喧腾而是事实流的静水流深。

三是秉承"深度来源于事实""深度不是艰深的话语和生涩的表达，而是观众所感受到的深刻"（孙玉胜《十年》）的理念来创作或讲述故事。具体表现为无需刻意表达观点和态度，而是通过事实、冲突和用户与故事本身的内在互动传递"意义"和"重大改变"，非惯常的议论和评述，更不是人为的总结和提升。

要做到以上这些，真实性的追求成为关键。具体来说就是人物关系、场景等都需要真实。

无论是文字表达还是音视频表达，短故事的"冲突驱动"并不依靠话剧舞台上那样形神具备的表演去达成，而是坚持冷静客观地表达，给人感觉是娓娓道来；情感表达层面，可以说最高级的煽情还是用事实说话。

做到事实说话就需深入生活，而不是闭门造车。比如，写快递员的故事，如果不去真正当几天快递员，就很难将他们的故事写得生动真实。

关于短故事的"冲突驱动"和"重大改变"的实践，"大胖子"彩票故事比较典型。

西班牙"大胖子"彩票有着200多年的历史，是目前世界上奖金最高的彩票，每年西班牙"大胖子"彩票开奖时，中央电视台都会在经济新闻栏目进行报道。

和世界上其他著名的彩票游戏只产生少量的大奖不同，西班牙彩票一直坚持"分享财富"的发行体制，不只设置唯一一个头奖，而是让成千上万的彩票号码获得不错的回报。开奖当晚，全国民众几乎全在紧张地盯着电视看开奖直播，这成为一个全民狂欢的节日。

为宣传"大胖子"彩票，西班牙会拍宣传片，吸引人们参与。

2016年"大胖子"彩票宣传片时长不到5分钟，属短故事行列，讲述的是一个退休老师卡米娜的故事。她听到新闻播报去年的中奖号码后，误以为自己中了大奖，就奔走相告。邻居谁也不忍心告诉她事实，为让这位老人的开心能够得以延续，所有人进入一个又一个的冒险之旅，这一个个冒险之旅犹如一个个悬念，吸引着人们看下去，成就了"冲突驱动"。

最终落脚是"重大改变"：意外的奖金不是让奶奶如此激动的原因，她开心的是这件事会给小镇带来快乐，让他们能够一起庆祝，更好地生活。屏幕渐暗时，人们意识到，不管有没有赢得"胖子奖"，在一整天的冒险后，所有人都从欢聚中得到了幸福，"大胖子"彩票的意义随着这个故事做到了很好的输出。

创作短故事需围绕"短小精悍"做好以下几个方面工作。

一是主题单一或者主诉单一，也可以说是单兵突进，在某一个"点"上实现对人们心理、情绪、情感、心智等方面的掘进，达成共鸣的同时，获得理解和认同。二是需要创作者具有用蒙太奇手法操纵时空的能力，按照联想性和节奏性原则组织素材，加强情绪感染力。同时，将最能阐明生活实质，最能说明人物性格、人物关系，乃至最能抒发创作者自己感受的部分组合在一起，经过分解与组合，保留最重要、最有启迪性的部分，摒弃大量无关轻重的要素，从而获得最生动的叙述、最丰富的感染力。短故事创作时，得去掉一些交代性的"枝丫"，聚焦人物心里不可言说、无法描述的心理活动。三是创作者不要闭门造车，好的故事是从生活中来，将自己的所思、所想和所见进行高度浓缩和呈现。四是要通过"冲突驱动"和"重大改变"去架构故事脉络，达成"既有意义又有意思"。

（二）长故事的"四梁八柱"

长故事的篇幅要大得多，表达和传递的信息量也会更多。

如果短故事只是一间很小的玩具屋，那么长故事就如同一幢大房子，需要"四梁八柱"才能撑起长故事的"冲突驱动"和"重大改变"。"四梁八柱"是中国古代传统的一种建筑结构，靠四根梁和八根柱子支撑着整个建筑，四梁、八柱代表了建筑的主要结构。

电视剧《山海情》和《父母爱情》就属于长故事。

1.《山海情》：主旋律故事

主旋律作为文艺作品的一种叙事基调和创作题材，往往给人一种误解，认为这类作品的宣教性大于审美性，不容易讨好市场。

事实上，真正有广度、有深度、有温度的主旋律作品，能够与包括年轻人在内的社会各个圈层形成良好的对话关系，成为时代最强音。

电视剧《山海情》的成功即证明，好的主旋律作品一定是先有意思再有意义，而不是很有意义但没有意思。有观众甚至说："主旋律电视剧要是都像这样，那我愿意通过电视剧来了解我们是如何走到这个时代的。"

一些主旋律故事"宣传味"太浓，片面地追求意义，相较而言，《山海情》却做到了"既有意义又有意思"，传播效果大大增强。

关于《山海情》，一篇影评类的文字这样说：嫌弃剧情太精简，请求注水；从主角到配角全员演技在线；剧情接地气，不做刻意煽情；拍出真情实感赢得共情共鸣；平民视角、国家叙事、国际表达。

稍加归纳，《山海情》的成功离不开以下几个关键词："剧情接地气""演技全员在线""真情实感""平民视角""国家叙事和国际表达"等。

这几个关键词就是支撑《山海情》的四梁八柱，是在追求真实的基础上搭建的四梁八柱。

第一，作为主旋律作品的《山海情》，能够将故事讲得如此真实而又接地气相当难得。有评论说，《山海情》是在尊重观众智商的基础上，老老实实讲一个故事，打磨了一个"干干净净"的剧本。没有迎合，也没有夸张，向观众展现的是人性中最朴实的底色和追求。

《山海情》的成功说明，主旋律故事作品如果最大限度地剔除"宣传味"，尊重故事创作的基本规律，一样会有很好的传播效果。

有关"真实"，《山海情》的导演孔笙是这样理解的："无论是不是所谓的主旋律，在创作方式、方法上都是相同的，人物的真实性和情感的真实性都是最重要的。""我们用了真实的故事和人物原型，搭建了真实的场景，使用了真实的方言,演员也投入了真实的情感和表演,让这部剧有了根,有了魂,成就了最朴实动人的表达。""有时候一个细节可能比一个编织的情节还要起作用,因为它会更感人。"

第二,该剧的真实性艺术表达做得非常好。

毛姆在《月亮与六便士》中说:"艺术是什么?艺术是感情的流露,艺术使用的是人人都能理解的语言。"

从"人人都能理解的语言"出发,"剧情接地气""演技在线""真情实感"和"平民视角",都是力求做到"人人都能理解的语言",《山海情》的成功也取决于支撑该作品的四梁八柱是建立在真实基础上的艺术表达。

有了真实打底,就算《山海情》故事没那么跌宕起伏,也没有刻意渲染"冲突",却不妨碍在不同年龄层人的心目中激起强烈共鸣,正应了那句"好剧天生就具备突破圈层的能力,无论是否亲历都会有所共鸣"。同时也说明,如果只是关注"冲突驱动"而失去"重大改变"的支撑,一样也提不起人的兴致,无法让人留下印象。

2.《父母爱情》:娱乐属性开掘

《父母爱情》也是孔笙导演的作品。相对于《山海情》和《大江大河》等,《父母爱情》的题材谈不上宏大,也不是主旋律,故事的冲突性不是很强,但这部剧却是一部值得看了又看的作品。

百看不厌的密码是什么?我们不妨从网友评论的关键词中去找答案。细节、温情、不做作、奇妙的笑点、觉得舒服、挺逗的、没有骂街、很真实、抬杠式语言……

这些关键词有一个统一指向,就是视听作品的娱乐属性开掘,也是寓教于乐的深度践行。该剧没有很多沉重的剧情,总是尽量用轻松的笔触,用调侃和幽默来化解过程的沉重。表现最突出的是台词和表演。观众在日常轻松诙谐的"抬杠"中，看到了自己眼前的生活，因此才会不厌其烦地看。

《父母爱情》的巨大成功说明，没有生活逻辑支撑，任何高妙的"奇思"、精致的"造影"，都难以撑起作品的"四梁八柱"。

(三) 品牌故事的"开卷有益"

广告总是自以为是，宣传总在各取所需，融合媒体时代，作为公关手段的品牌故事传播被品牌寄予厚望。

创作品牌故事，目的是助力品牌成长，提升品牌价值，不可避免会带有宣传色彩，因此，故事创作的客观真实表达与宣传色彩之间有时就存在对立关系，如何消除"对立"是品牌故事创作必须面对和解决的问题。

因为"海量"，用户用来消费信息的时间愈发显得精贵，相较于传统媒体时代，品质不高的故事势必会给用户造成一种时间浪费，消费后的不满也会增加，故事和故事化表达的效果就无法达成。

品牌故事创作和传播有多种形式，下面以"软文"品牌故事创作为例，探讨如何化解"对立"，做好品牌宣传。

1. 从心出发的"我手写我心"

也就是从"真"字出发，做到态度真诚。具体来说：一要秉持"真诚是完全说实话"的理念，在表达品牌时不妄语；二是无需跟用户玩捉迷藏游戏，不要既想宣传又刻意回避宣传之目的；三是故事化表达与品牌之间不是"拉郎配"，而是相得益彰；四是看完有受益，也就是开卷有益。

六神磊磊在谈起他创作广告内容时是"我手写我心"，强调的就是态度真诚，换个角度说就是在故事创作时要达成"人如其文"或"文如其人"。

六神磊磊说："写自己喜欢的品牌，写我所了解的东西，不要违背本心。比如写《杨过和小龙女究竟到哪去了》，不能为了写广告，愣要说他们两个都死了，因为心里不觉得他们死了。对于那些专门写的广告，有一个原则是，把那些文末的关于产品的部分去掉，剩下的内容是完整的。"①这里提到的"内容是完整的"就是力保"开卷有益"。

2. 从人物出发的"把人当人写"

来看看"吴晓波频道"的这篇软文故事。标题是《谁能把高德康拍死在沙滩上》。

"高德康"是谁估计少有人知道，将"高德康"和"拍死在沙滩上"联系起来，就有了点击的冲动或欲望。

题记是：后浪掀起，前浪还在，谁能把谁拍死在沙滩上？有时候，这竟可能是一道伪命题，因为，前浪后浪未必在同一个沙滩上。

文中内容：喜欢骑摩托拉风的高德康；调研中国产业智能化状况；高德康这个裁缝和村支书的成长历程；两个难关差点要了高德康的命；高德康喜欢跟年轻人在一起，年轻人喜不喜欢他不知道；高德康为村民建了房……

看完这个故事后，笔者就想，以后买羽绒服可以考虑波司登。

这个故事能够影响笔者对波司登品牌的看法有如下原因。首先，人物故事内容跟品牌有关，且是非常具有信息量的实话和真话；其次，智能化转型故事会令用户高看品牌一眼；再次，从写人的角度出发，达成见证一

---

① 吴晨光. 自媒体之道[M]. 北京：中国人民大学出版社，2018.

个人的成长继而见证一个品牌成长的效果，也就是所谓的爱屋及乌；最后，写高德康时，没有所谓的"高大上"，没有喊口号和玩概念，而是"把人当人写"。显然，这篇人物故事做到了"开卷有益"。

读完这个故事，用户可从中获得很多新的知识点和观点，有所收获。有了"开卷有益"后，即使看完发现是软文，也不会觉得懊恼后悔，因为没有"浪费时间"，不少人可能因此想要选择这个品牌的羽绒服。

3. 从背景出发的"相得益彰"

如果说《谁能把高德康拍死在沙滩上》是通过写人的故事达成品牌价值的有效传播，下面几个故事则是通过背景挖掘，故事化表达，助力品牌形象有效提升。

这三个故事都来自"牛弹琴"公众号。

第一个故事，标题《大变局中，这家企业擦亮中国名片》。

文章开头用日本首相中曾根康弘的一句话引入："在国际交往中，索尼是我的左脸，丰田是我的右脸"……然后，谈中国品牌老化和国际化问题，落笔"大国崛起离不开民族品牌的崛起"……"双循环战略"……"立顿红茶的老化"……"中国的茶产业，或将迎来变局。"……"华祥苑牢牢抓住茶叶升级的大势……作为国礼……然后，华祥苑是怎么干的。"

看得差不多的时候，才发现这篇故事是为华祥苑量身定做的。

像笔者这样并不了解华祥苑的用户看完会惊讶：原来，街头常见的华祥苑是这样一家有抱负的企业啊！

第二个故事，标题《牛年来的正是时候》。

文章结构是：一、让我们忠于理想，让我们面对现实。特拉斯《苦难，成为特拉斯的转折点》。二、不得不说，政府里面有高人……在经济某些领域，与其缠绵病榻，不如壮士断腕，把问题留在 2020 年，在 2021 年，"十四五"第一年，轻装上阵。讲的是经济挤泡沫的故事。三、华为的曾国藩战术"结硬寨，打呆仗"。四、红牛"闭着眼睛挣钱"的日子过去了，眼下的困难或许很大，还能超过当初一穷二白时？五、保持饥饿，保持愚蠢。

从三个方面进行阐述，第一，放弃抖机灵、耍小聪明，让企业变得踏实、靠谱、专业。第二，发现真正需求，回归常识。多讨好用户，少讨好资本。第三，建立自己的品牌，筑起产品力护城河和资产，毕竟，风雨过后的企业，筋骨更加强健。

这篇故事是为红牛量身定做的。

无论是信息还是观点都很吸引人，且与"红牛"的品牌理念等浑然一体，能够读出红牛品牌的追求，对红牛品牌当前的情势也有了非常客观的了解。因为了解和懂得，所以增强了对红牛品牌的好感。

第三个故事，标题《历史性之变，正在发生！》。

故事结构是：一、近日，一则消息振奋人心——东方航空与中国商飞在上海正式签署购机合同，国产大飞机 C919"首单"落地！"八亿件衬衫才能换来一架飞机"……二、"漫漫高端路"："这个品牌的 MP3 突破了红海竞争的价格厮杀局限，赢得了消费者的认可"，落笔"这是中国品牌国际化、高端化的一个缩影"。三、"有温度的科技"：一段刷屏的 Find X3 系列手机的 TVC 广告片——很少接代言的导演、演员姜文以非常苛刻的标准，给出了他对"理想手机"的设想，特别是在影像方面，更是提出了艺术级的要求。四、"破局高端，OPPO 做对了什么？"

这篇故事是为 OPPO 量身定做的。

这三个故事有几个共性特征：①标题背景宏大，没有"软文"标题的影子，不会让人一眼看出是软文就不点开看了，而且标题风格与"牛弹琴"公众号的调性是相符的，与公众号用户的认知相匹配；②将品牌故事放在宏大的背景中去讲述，增强了用户对品牌故事感知的深度、广度和温度，达成以背景赋能品牌的效果；③品牌故事和背景故事的分量分配恰到好处，没有给人刻意渲染品牌的嫌疑，更没有拿"背景"当"背影"，或拿"背景"简单背书，背景故事和品牌故事互相辉映，相得益彰；④读完后不会觉得心空空，用户从背景故事和品牌故事中获取了很多有用的信息和观点，最终达成用户与品牌的深度互动和认同。

4. 从价值观出发的"共情共鸣"

有些品牌在故事创意和创作方面将着力点放在了传播品牌价值观上，事实性地隐去了有关品牌的相关元素，只是通过故事传递品牌理念、态度和价值观，达成与广大用户的共情和共鸣，提升用户对品牌的好感。比较典型的例子是多芬的"真美行动"。

2013 年多芬"真美行动"的宣传片《真美素描》（*Real Beauty Sketches*），通过故事表达的形式来实现品牌价值观的传递。

多芬在短片中邀请了 FBI 素描肖像家吉尔·萨摩拉，为参与测试的女性画出她自己描述的模样和别人描述她的模样，结果显示，后者看起来更美丽。两幅肖像的差异让受访者热泪盈眶，也有了更深的领悟。在这样的差异中，多芬想告诉女性的是"你比想象中的自己更美"。因为有了共情和共鸣，用户通过故事认同了品牌所倡导的理念，于是对品牌有了好感。

这则广告及相关创意活动帮助多芬一举囊括了当年戛纳创意节整合营销类、媒体类、影视创作类、公关以及设计等类别在内的共计 23 项大奖。

"从心出发""从人物出发""从背景出发"和"从价值观出发"无法涵盖

融合媒体时代故事创作和故事化表达的所有类型，但只要能够秉承让用户有获得感的原则进行创意和创作，就不会让品牌故事宣传造成用户的逆反，达到比较好的传播效果。

同时，好的品牌故事一定不是闭门造车，要让故事能够最精准有效地传递品牌理念，必须深入品牌中，与品牌相关的人和物零距离、全身心、全方位地接触，从中得到创作的养分，不然很难找到所需要的故事，也无法创作出源于生活高于生活的故事。

无论是传统媒体时代还是融合媒体时代，故事和故事化表达的基本原理差不多，具有时代特点且能够触发时代共鸣的好故事总是稀缺的。

面对百年未有之大变局，故事和故事化表达的地位越来越重要。在相信故事力量的同时，不能把猎奇和荒诞当饭吃，要秉承"冲突驱动"和"重大改变"的创作原理，以"既有意义又有意思"的目标达成为路径，讲好故事和做好故事化表达。

案例：这个中澳"混血儿"挺有味儿

颜值即正义时，很多人都梦想有一张"混血脸"，如去年晋升为金鹰女神的迪丽热巴。

混血出美人，是一个有目共睹的事实，好像，迪丽热巴不是。

但是，当有人说什么中日混血，这真的只是闹着好玩的。

属于同一人种的两民族结合所生的孩子不是混血儿，如汉族和蒙古族、蒙古族和满族、汉族和满族、汉族人和韩国人、汉族人和日本人、日本人和韩国人等。

最早的混血种人来自 1500 年。那年的 4 月 22 日，葡萄牙殖民者登上了巴西土地，考察了 9 天，留下 2 名死囚便离开了巴西。这 2 名死囚与当地印第安人结合，形成了最早的混血种人。有人说，经过几个世纪的种族融合，现在几乎每个巴西人的血管中都流有有色人种的血。尽管这种说法涉嫌夸张，但至少反映了混血在巴西的普遍。中国比较著名的混血儿有何鸿燊，他具有犹太人和中国人的血统。国学大师辜鸿铭也是混血儿，她的母亲是葡萄牙人。

医学里对于混血是赞成的，因为这样有利于人类品质的优化。

从人种的角度说，我是中澳"混血儿"。

我的基因源自澳洲新世界葡萄酒的优质产区，一不小心，恋上了中国本草，诞下了我。我的姓名单字一个"韵"：韵酒，含有澳洲葡萄酒基因与葛根、茯苓、蓝莓、枸杞等本草精华。

葡萄酒基因撞上本草精华，既强化了葡萄酒保护心脑血管、美容养颜的作用，同时具有减轻肝损伤和免疫调节、抗衰老等作用。

不仅如此，因为"混血"我还天生丽质，优雅性感。

我保留了南澳赤霞珠葡萄酒原色原味，

融入本草精华后，香气更加优雅、口感更加细腻、层次更加丰富。

葡萄味，本草香。韵酒，是葡萄酒，不一样的养生葡萄酒。

特别的爱给特别的你。韵酒，和最爱的人一起，韵味十足。

《这个中澳"混血儿"挺有味儿》的创作思路

既然韵酒来自澳洲葡萄酒基因，然后加了本草，混在一起就像是个"混血儿"，然后，就联想到"混血儿"美女和模特，不上网查，还真不知道中国最著名的混血儿有哪些人，估计也会有人不知道。把这些信息弄进去，不就可以"开卷有益"吗？能够做到开卷有益，对你的文字有了好感后，对你推荐的产品会不会自然有好感？关键是，逻辑是通顺的啊！从混血儿的美到混血儿韵酒的美，好像也是在玩技巧，其实不然。遵循的原则是开卷有益后，再来诚实地推介我的产品。

先把产品放到一个特定的场景和特定的诉求中。从背景故事入手，而不是直接说我们的产品有多好，起码有两个方面的好处。

一是规避了急功近利的叉掉。在信息泛滥的今天，谁都不想让那些无用的信息占用自己宝贵的时间。一看标题就知道是套路，谁还会钻进你的套路中去浪费自己的时间？事实是，这样的套路标题依然充斥着我们的内容生产。

二是尽量规避"两张皮"现象。"王顾左右而言他"式的推文前面说了一大堆，后面"啪"的一声贴上自己的产品宣传。这样做，两张皮没有深度黏合，不仅对品牌露出无益，还会让人觉得是"东施效颦"，套路太明显。既然主旨是品牌露出，还不如单刀直入显得可爱，效果还要好一些，免得大家看完前面后就×掉了，不给品牌露出的机会。

"互动"篇

互动性是新媒体传播的本质特征

——互动空间创设的二力驱动

融合媒体时代，没有互动约等于残疾。

一、互动性是新媒体传播的本质特征

美国《连线》杂志给新媒体下的定义是"所有人面向所有人的传播"。

因为"所有人"的网络"零距离"，新媒体"互动"空间和方式成了"无所不能"，互动性成为新媒体传播的本质特征。

新媒体的互动性源于信息发布门槛低和信息传播方式灵活，不仅体现在平台和受众之间的互动，也体现在受众之间的互动，是信息的一种双向流动。融合媒体时代，信息不再依赖某一方发出，而是在传者和受者双方的交流过程中形成，受众可以在极大范围内选择自己需要的信息，还可以参与信息的传播和发布。

相较于融合媒体时代互动的智能化，传统媒体时代的互动还停留在人工阶段，其效果跟融合媒体时代可谓不在一个量级。

传统媒体时代，媒体与受众的互动方式有读者(观众听众)调查、读者(观众听众)来信、电话纠错、热线电话等，起初，负责跟读者和观(听)

众互动的部门被称为群工部，都市类媒体兴起后专门设立了热线电话组，大多挂靠在负责社会新闻的机动部。

传统媒体时代的互动是"我太南"，融合媒体时代的互动却可以"任我行"。在"任我行"的推动下，融合媒体时代的"互动"空间和效率发生了质的飞跃和提升。

融合媒体时代，如果内容生产和输出依然固守传统媒体内容生产的固有逻辑，不将互动元素充分而有效地考虑进去，这样不仅无法达成内容的二次传播和深度传播，还将失去内容生产的另一片沃土。

融合媒体互动的必要性和重要性从中国新闻奖门类的变化也可以看出。

第二十八届中国新闻奖首次设立媒体融合奖，下设六个奖项：融媒短视频、融媒直播、融媒互动、融媒界面、融媒栏目、融媒创新。第二十九届中国新闻奖将与媒体融合相关的奖项名称进行了调整，改为短视频新闻、移动直播、新媒体创意互动、新媒体报道界面、新媒体品牌栏目、融合创新。

相较于传统媒体时代的互动，融合媒体时代进入用户互动时代。当内容生产从单向输出变为双向输出后，就催生了新的生产力，于是，融合媒体时代的互动有了两个显著特征："即时互动"和"价值贡献"。

"即时互动"指的是互动的便捷性和有效性；"价值贡献"指的是互动形成沟通，产生新的传播价值。

融合媒体时代，"互动"可从互动空间创设和互动空间创设的二力驱动两个方面进行掘进。

二、现象级传播中的互动空间创设

在"即时互动"的基础上如何达成"价值贡献"？我们可从一个现象级

传播中的"互动"来窥探一二。

"牛弹琴"的《刚刚，沙特王储被废除》是通过即时互动达成价值贡献的一个比较典型的例子。其实从新闻本身的价值来说，"沙特王储被废除"这一事件很难成为现象级传播。然而，首创的"刚刚体"和与用户的互动成为助推器。

"刚刚体"这一创新，令人耳目一新，对于习惯了"快讯"表达的用户来说，这一创新可以说极大地助力了传播。当然，最终成就现象级传播的是与广大用户之间的互动。

据"牛弹琴"总结，这篇推文成为现象级传播的条件有如下7个方面。

①新闻本身还是比较重大；②新闻很短，一些网友有"新闻越短事越大"的预期；③一些网友对"九个字新闻三个编辑的不理解和揶揄"；④这么短的新闻还有一个错字的矛盾冲突；⑤其他媒体，尤其是自媒体的追随式传播效应；⑥留言回复也是最出彩的地方；⑦直面错误的态度等。

关于"就这9个字还用了三个编辑"，互动回复是："王朝负责刚刚，关开亮负责被废，陈子夏负责沙特王储。有意见？？？"

关于"看你们回复，一脸天下第一的样子，你们怎么不上天？？？"，互动回复是："我们的确上过天，我们的特约记者景海鹏、陈冬在'天宫二号'上发过稿件，电头是'新华社天宫二号电'，而作为'把地球管起来'的中国国家通讯社，我们也是世界五大通讯社之一。想了解更多，欢迎继续关注我们。"

关于"废黜"错成"废除"，互动回复是："谢谢朋友们指点，亚历山大啊。虽然有三个编辑，'废黜'还是弄成了'废除'。我们正在深刻反省。"

虽然这次互动最初给人感觉有点被动，但如果没有互动意识或者互动功力不够，也难以取得如此现象级传播。

如果回避"错别字"和"九个字新闻三个编辑的不理解和揶揄",面对错误和揶揄还是高高在上或"端着说话",或者回复不是充满才气和大气,互动的效果也没有那么理想。其实,互动没有什么技巧,真诚和真实最重要。

"牛弹琴"的这次现象级传播,我们可从"社会互动"的内涵中得到启示。

"社会互动"也称社会相互作用或社会交往,其内涵包括:①个体之间、群体之间只有发生了相互依赖性的行为时才存在互动;②以信息传播为基础;③总是在特定的情境下进行;④可以是面对面,也可以在非面对面的场合下发生;⑤会对互动双方及其关系产生一定的影响,并有可能对社会环境形成一定的作用;⑥个体间的互动往往遵循一定的行为模式,具有一定的互动结构。

从"社会互动"的内涵可以发现,融合媒体时代的"互动"属于"社会互动",而做好互动的前提可以归为"互动空间创设"。无论是"产生相互依赖性的行为","以信息传播为基础",还是"特定的情境"和"遵循一定的行为模式",都可落脚于互动空间创设。

还是从《刚刚,沙特王储被废除》一文来看互动的空间创设。

首先,相较于传统的"快讯","刚刚体"的横空出世,给了用户一个始料未及,产生了想象空间。

其次,错别字的出现客观上给了用户互动的空间。虽然创作者没想到内容本身竟然会有如此大的互动话题空间,难能可贵的是及时嗅到了互动这一良机,主动互动。正是因为主动互动,编辑通过睿智、真诚而诙谐的留言答复,极大地助力了互动空间的拓展,成功发挥和放大互动效能,助力传播。

最后，主动拓展互动空间，尤其是顺应很多自媒体参与互动传播这一情势，极大助力了"牛弹琴"这篇推文与更广大的用户产生了有效连接，收获了不少新的粉丝。

从这一典型案例可以发现，融合媒体时代，要高度重视互动，主动作为，倾尽热情和心力，及时抓住互动空间创设的机会，将互动当成内容的二次创作和传播来实施。

稍加归纳，"牛弹琴"这次遵循的就是"顺势而为""主动作为""真诚面对"和"化危为机"等原则。

三、互动空间创设的二力驱动

从"牛弹琴"现象级传播和"社会互动"的内涵中可以发现，融合媒体时代互动的最后落脚点是互动空间创设。

互动空间创设包括外力驱动和内力驱动两种形式。"外力驱动"是指自主搭建互动体系，有意识地营造互动空间，表现形式为"显性"和"直接"；"内力驱动"是指挖掘内容本身的互动元素，通过内容的话题性促成互动，表现形式为"隐性"和"间接"，这两种互动形式可称为"二力驱动"。

以新华网和微博的互动实践为例。

(一)主动搭建互动体系

融合媒体互动实践中，主动搭建互动体系有三种表现：一是主动构建互动板块，请用户参与互动；二是抛出互动话题，请大家参与话题互动，促成内容消费；三是借助虚拟技术创设互动空间。

1. 构建互动形式

主动搭建互动体系需注意：首先，内容本身具有互动价值，能够通过互动达成好的传播效果；其次，参与互动的方法要简单易行，切不可太过繁琐，且用户有参与热情；最后，可设置有奖互动，吸引大家积极参与。

新华网专门开辟了互动专区(体系)，适时推出互动话题。其中，"自豪，中国——群众性爱国主义教育大型互动专题"就是主动创设互动空间，促成网民参与互动。该栏目开设"歌唱祖国""加油中国""祝福中国""涂彩中国""记忆中国"和"问答中国"等子栏目，网友可以选择自己感兴趣的某一个子栏目参与互动，且参与方式简单易行。

除此之外，新华网还会围绕重大政策发布和相关热点，专门开辟"新华热点互动"。"新华热点互动"专区曾经就"子女不常回家看老人属违法"这个话题开设互动专题，因话题参与性强，热度高，用户互动参与极为火爆。

2. 设置互动话题

主动设置互动话题方面，微博的节日传播非常有特点，而且爆款话题频出。(以下微博节日话题传播内容来自陈莹 传媒茶话会 2022-08-10，有删减。)

2022 年 8 月 4 日，大众节日七夕的到来，微博中的各种热搜话题活动轮番登场。基于大众节日共识，很多媒体微博输出优质内容，实现了全民共情和深度互动。

从七夕当日的话题来看，媒体的策划已超越单一的"爱情"范畴，话题种类多样：有别出心裁的策划创意类话题，有融入真情实感策划的情感共鸣类话题，还有提炼话题点引导互动的互动观察类话题。

三类原创话题从不同角度挖掘七夕内涵，为网友们提供了可供参与和讨论的话题与内容，多元、灵活、创新的话题相继被网友们送上热搜。

首先，脑洞大开的创意类话题既是媒体深厚内容沉淀的体现，更是媒体年轻态、创新力的表现。例如，@大河网 从文物角度策划的话题#七夕看河南文物如何秀恩爱#，介绍了大河村遗址出土的国宝级文物彩陶双连壶，两件壶并列相连，有学者认为，这是一种爱情的象征。文物中的爱情引发了网友们的兴趣，该话题词登上热搜榜单第13名。

@央视网发布的七夕主题视频把敦煌壁画玩出了新高度。视频将敦煌壁画中的形象动画化，讲述了这样一个故事："看尽世间繁华的宝驹，在香港遇到了新的烦恼：狮子玉失恋了！为帮助小弟走出情网，人骑图带着狮子玉千里赴敦煌，找寻传说中的爱情真谛。阿玉这回能如愿以偿吗？原来，千年前敦煌壁画里的爱情这么好嗑。"有网友在评论区留言："活了活了，蹦跶出画面啦。"

微博节日传播玩法全方位升级其实不只是七夕，每逢大众节日，微博浓厚的过节氛围和隆重的仪式感总能吸引到大量网友云过节。

2022年儿童节@新华网发布的视频，推出首个超写实数字人、元宇宙中华文化推荐官@CHN_筱竹。视频中，与真人形象无异的@CHN_筱竹 用古诗词、中国鼓、创意国风舞蹈等，为网友们送上祝福。网友评论："这头发，这衣服，这配色，细节拉满了。"

创意类话题能够拉高网友的情绪点，情感共鸣类话题则通过戳中网友心中最柔软部分，激发同理心、实现共情。七夕当天，@人民日报策划的话题#七夕是朝夕的365分之一#登上热搜榜第5名。"七夕是爱情的注脚，更是朝夕相伴的温暖开始。不只是七夕，更是朝朝夕夕"的深情文案，令网友纷纷留言："七夕快乐，一山一水，一朝一夕。""如果有爱，每天都是七夕。"

互动观察类话题则是从新闻看点、网友的关注点中发掘话题，借着节日东风引发网友的关注和互动。《西部大开发》杂志官方微博@西部决策主持的话题#七夕微信红包可发520#就是从当天的"新闻"中挖掘出大众关心的话题点，冲上热搜榜第2名；@陕视新闻 发起话题#七夕收到的最丑的花#，仅看标题就激起了人的好奇心。点开视频果然不负众望，奇特的配色、奇特的花材当真"天雷滚滚"，戳中了无数网友的笑点。更有趣的是，话题发出后不少媒体同行和网友主动转发，又涌现出菜花、西蓝花、钢丝球等"雷人"鲜花，网友互动、同行支持转发，助推媒体话题和流量再上一个台阶。

除了这些，七夕微博话题还有#七夕节是古代的妇女节#；#被货车司机集体表白甜到了#；#七成"95后""00后"有七夕送礼拖延症#；#七夕奇妙游女性群像#等，都极大地激发了用户的互动积极性。

随着大众节日的过节仪式逐渐互联网化，很多媒体基于对年轻用户的洞察，开始用年轻化、创新角度的话题触动用户敏感的点，吸引网友们普遍参与到过节的话题当中。广大网友从中或获得新知、或情感共鸣、或跟进互动。同时，大众节日节点在微博创建话题、制造热点、凝聚人心，既为网友增添了节日仪式感，也实现了以传统文化为内核的优质内容输出。

从微博的互动爆款话题中不难发现一些共性的规律，就是参与性强，且雅俗共赏。于是，融合媒体时代，互动话题设定可围绕"参与性强"和"雅俗共赏"这两个关键词做文章，做到话题既不能"重如泰山"，令人难以承受其重，又不能"轻如鸿毛"，令人难以承受其"轻"，还须从"时效性"、"贴近性"、"趣味性"、"思辨性"、"生活化"等找到精准且适合的小切口，最终达成"小切口大文章"。

值得注意的是，在设计话题时要坚决剔除"伪话题"，不能为了活动而互动，还要力避"三俗"和道德法律风险，然后就是要根据不同平台特点设计互动话题。

3. 借力多媒体技术

互动多媒体技术具有新颖性、互动性和易操作等特点，被广泛用于融合媒体时代互动空间营造，比较典型的有微信朋友圈中的"军装照""我与航母合个影"等。

借力互动多媒体技术，新华网在《有人送了我一根熟玉米，啥意思？在线等挺急的……》一文中，把正经科普与"沙雕"问答穿插在一起，造成出其不意的效果，主题宣传秒变符合互联网调性的年轻态产品。

原创产品《如果你有这样一个男朋友……》中，通过滑动效果实现"程序员"与"女友"之间的对话，双方的对话、动作姿态、表情等的变化，均通过 SVG 滑动效果来实现，十分生动鲜活，让人忍俊不禁。比较典型的互动案例还有《今天，你跟喜欢的人表白了吗？你又是怎么表白的呢？评论区"情话王"争夺赛。等你！》和教师节特别策划《今天，我们再背一遍！》等。

2022 年 8 月，"全网最假主播"的火爆跟虚拟技术应用也有着直接的关系。在"#你这背景太假了"话题下，大家开始无视本人视频的真假，开启了"帮博主证明真假"的脑洞二创："齐舞版""情景剧版""搭车版""进球版""地心探险版""星际迷航版""天上人间版""猫和老鼠版""植物大战僵尸版""和平精英版""英雄联盟版"纷纷出炉，在博主的努力澄清和网友的努力"捣乱"下，这位"全网最假"博主和他"代言"的新疆蜂蜜都火了，原本几十万的粉丝数量，转眼就翻倍至 200W+，当地蜂蜜更是卖到脱销。

4. 品牌有奖互动

在搭建互动体系时，经常会用到有奖互动，尤其是品牌宣传方面。

首先，有奖互动要让用户产生"这个奖拿得值"和"拿得有意义"的心理。也就是说，能够拿到这个奖是需要一些技术含量或者劳动付出的，有一定的成就感和获得感，只有这样，用户获奖后才有可能形成新一轮的分享和传播。其次，实施有奖互动时，要设置好大奖和普奖的权重，既要尽量地扩大获奖面，激发更多用户参与，也要发挥大奖的刺激激励作用，鼓励用户跳起来摘桃子。再次，遵循过程越有悬念结果越有悬念的理念设置奖项。奖项不要非得等到活动结束才出结果，可以设置过程奖项并及时公布，不断激励用户参与互动，形成新的传播。最后，过程奖项的执行须注重意见领袖的培育，以期过程奖项能够按照预期落地，而意见领袖也会带动身边更多的用户参与互动并传播。

(二) 主动开掘内容互动元素

和"主动搭建互动体系"不同，"开掘内容互动元素"注重内容的话题性空间开掘，在具体操作过程中进行适当的引导，激发大家参与互动。与"主动搭建互动体系"相比，"开掘内容互动元素"偏隐性和间接。

1. 开掘话题讨论空间

所谓的"开掘话题讨论空间"就是在内容创作时，有意识地营造话题。

内容创作时注重内容维度的开拓，激发多维度思考，营造话题空间，引导大家参与互动。

"主动搭建互动体系"是通过一条"明线"来推动互动，"开掘话题讨论空间"则是通过一条"暗线"来推动互动，需要内容创作者有意识地埋下这条"暗线"。

"暗线"埋设原理与前文的"互动话题设置"一样，需要注意的是，"暗线"的埋设不能人为痕迹太浓或目的性太强，得遵循用事实说话的原则，将话题性充分展示出来。

很多创作者为了适应互联网情绪化传播特点，有针对性地在"情绪"上做文章，比如，用特定的情绪或情感化的语言来表达，引起用户的共鸣，为用户营造情感和情绪表达空间。但情绪互动的出发点一定不能是恶意的、低俗的、无聊的、肤浅的等，否则就是搬起石头砸了自己的脚。

2. 提升"留言"品质

无论是"主动搭建互动体系"还是"主动开掘内容互动元素"，这两种方法的重要载体之一是"留言"，因此，也可称为"留言空间营造"。

"留言互动"的主旨是从拓展用户内容消费的维度方面下工夫，通过用户与内容本身的互动和用户与用户之间的互动来达成。留言互动有时会起到"功夫在诗外"的效果，促成用户对内容的内涵和外延有了更广、更深的认知。

"留言互动"需要精心营造一种舒适的氛围。空间营造要有吸引力、感染力、号召力等，要给人身临其境的氛围感，同时，要通过不同形式和方法与用户进行情感和内容的互动，达成内容与用户的同频共振。做好"留言互动"需要注意以下几个方面。

（1）话题性追求

寻找精准的具有话题性的内容，可以从话题的温度、深度、维度、敏感度、热度、新鲜度等方面下工夫。

"温度"可以激发情感共鸣形成互动；"深度"可以激发理性思考形成互动；"维度"可以促成思辨形成互动；"敏感度"可以刺激神经促成互动；"热度"可以激发跟随促成互动；"新鲜度"可以激发好奇和新奇心理促成互动。

"新鲜度"的显性指标就是话题的新闻性。新闻性越强，人们关注度越高，互动的积极性越强，这是毋庸置疑的。当新闻性稍弱时，寻找一个好的"新闻由头"就显得极其重要。遇到一些冰点信息时，就要想尽办法找到"新闻由头"，才可能达成关注；遇到一些有热度而缺乏新鲜度的话题时，就要进行话题翻新。比如，睡眠问题一直有热度，但是，如果没有新的刺激元素的加入，这个话题就很难有新鲜度，如果将"谷爱凌一天睡足10个小时"作为新闻由头嵌入，睡眠话题因为"谷爱凌"就有了新鲜度，也就具有了新闻性和新的话题点。

感动也可以形成互动，可以事实性地通过情感的温度和理性的深度，营造出话题空间。

《南方周末》的新年献词曾经因为内容的温度、深度等与用户达成广泛共鸣，这是一种"文章千古事，得失寸心知"的心灵互动，此时的内容共鸣是一种高级互动，无需有意引导，很多用户会自动回复加转发。

关于用感动赢互动的应用也有很多有益的探索，比较典型的是"点"的突破。一旦内容中有一些"点"非常戳中用户，就会激发用户互动并转发。比如，2022年12月3日，"牛弹琴"在《一觉醒来，形式发生了重大变化》一文中讲到世界杯死亡之组时，结语是："这个世界，很多时候，你不拼到最后，你都不知道结果。"这句结语就引起了极强的共鸣，读者纷纷留言回复和转发。

"点"不止于一段文字，也可以是一段音乐、一幅画面、一个观点、一个经典的表达等。这些"点"能够从情感和思想上引起强烈共鸣，从而促成互动。

在"点"的突破上，很多短视频创作者对音乐力量的理解和运用就非常到位。虽然故事一般，但故事的高潮处配上音乐，就能将音乐的感染力发挥到极致，很多用户会因为音乐的感染力与创作者产生情感互动，进而传播短视频。

(2) 介入和引导

留言互动要适时地加以引导，而不是当甩手掌柜。

首先，不要让互动主题跑偏，更不能让互动空间成为情绪宣泄的垃圾场。其次，遇到新颖和独特的观点时，要积极介入，因势利导，放大互动效应。对于那些涉嫌偏颇的互动留言，要及时加以纠偏，遇到原则性问题该表态时一定要表态。总体来说，要学会把控留言互动的主调或者主流，不能让自己深陷一些细枝末节的纠缠，要有大局观。

留言风格的打造也值得思考。通过风格的打造达成与用户"打成一片"的效果，一直是大家追求的目标。在不断尝试和探索中，新华网逐渐走出了一条具有新华网特色的留言道路——稳中带皮。

由于留言极具风格，就有了很多网友的"我是专门来看留言的"，"早晚笑死在留言里"。新华网小编是出了名的爱回复网民留言，更是出了名的爱和网民互怼，尤其喜欢回复网民笑脸表情。这种诙谐的回复，能让网民感受到新媒体小编的热诚和真心，有了非常强的参与感，加上接地气的内容降低了阅读的门槛，网民愿意进来看看，也愿意分享出去。

口水仗似的嬉笑怒骂间,新华网年轻化的人设也更加鲜明。同时,文末署名处的一些小心思,用形容词构建的编辑部群像,让稿件结尾都颇具看点。这些都让一个中央媒体编辑部变得直观可感,编辑们仿佛就在网民身边。

网友称赞新华网:"简直是新闻界的一股清流!""哇好有创意,这是新媒体教科书文章啊!""新编辑部的故事我超级想看,持续关注新华网更新!小编、领导都太可爱了!""活跃得像个假号!"

记者:"美少女小编人设"已立稳,会有偶像包袱吗?

赵冰(新华网微信副主编):没有,毕竟体重已经不轻了,带个"包袱"更沉了。

记者:你们平时聊天的画风是啥样?

查如倩:逗趣,随性,像风一样自由。

（3）从留言中来

"从留言中来"是指从留言互动中找到所需要传播的内容，进行二次包装和传播。比如，参考消息刊发的《评论翻车——蓬佩奥拉踩中俄，又翻车了……》，就是从评论中找到传播新角度，这也是"角度出新闻"的践行。

从互动中找到新的话题或者新的报道角度也可归为"背景出新闻"。互动内容成为"背景新闻"的素材，这样的操作往往还会因为背景具有话题性而成为报道向深度和广度掘进的支撑点，对于提升内容传播也有极大帮助。

2022年8月，"储殷教授"为"三亚疫情"报道中的"澎湃事件"发声，这一发声就是由澎湃新闻的一篇报道衍生出的极具互动性的二次传播。储殷发布的内容是："在头条热榜看#三亚疫情个别乱象应该被报道吗#从这件事情来看，海南的反击可以理解，而且本身也属于舆论监督的一部分。舆论监督不仅意味着媒体监督别人，而且也意味着媒体接受监督。但是，说句实话，这段时间，也的确有部分人指出来，舆论监督的空间在变小，不敢说不愿说的现象也的确存在。中国的事情要有个治乱之间的平衡。三亚需要支持、理解和鼓劲，澎湃也需要站在舆论监督整体空间的角度去保护。双方都有情绪，但这不是敌我矛盾，就事论事，没必要放大和激化。"

在看到"储殷教授"的发声前，很多用户可能并没有第一时间知晓这一事件，只是从"储殷教授"与事件的互动产生的二次传播中，再通过链接，对"澎湃事件"的来龙去脉有了系统的了解。

这一互动传播，不仅极大地推动了新闻话题的传播，也引领新闻事件的报道向纵深方向拓展。从提升传播效果来说，是极具意义和价值的。

当然，因为留言互动出新闻，在舆情管控上，为防止次生舆情的发生，也要密切关注留言互动，对留言互动实施科学的管控或者引导。

(4)"二力驱动"一线传真

为了获得更好的互动效果，"外力驱动"和"内力驱动"经常相互结合，形成二力驱动的局面，从而让互动来得更直接，更生动，更有效。

每年两会的政府工作报告都是重中之重，怎样更好地传播，十分考验各家媒体的功力。2020 年，新华网的两篇"两会"互动报道可以说是"二力驱动"的典型案例，收到了非常好的传播效果。

首先，这两篇"两会"报道借助 SVG 技术创设了一个微信聊天的形式，事实性地搭建了主动互动的空间，是外力驱动。其次，编辑部在微信聊天空间的话题互动，幽默、直观、接地气、有内涵，达成内力驱动。最终，通过二力驱动，将"两会"报道变得轻松可读，还达成了很多的二次传播。

与常规的图文操作不同的是，这两篇稿件的制作引进了 SVG 技术。点击进去后是网民熟悉的微信对话框页面，这样的互动操作非常符合网民浏览微信的习惯，也营造了内容与用户之间的互动空间。

通过这种形式呈现网民日常生活场景，同时还搭载时下流行的 SVG 交互条漫的形态。网友留言说："仿佛看到自己和领导斗智斗勇的样子。""太真实了，差点以为是自己的群聊被曝光了！"模拟现实场景的新颖形式大大增强了稿件的互动性和参与性，让网民体验了一种沉浸式的新型阅读方式，有了很强的代入感，与广大网友形成直接的互动。

此外，在内力驱动上，小编们的"内功"开始发威。

文章的开头是：这个内部工作群，被"曝光"了！糟糕！领导把我拉黑了……

单看这两句话，矛盾冲突感十分强烈，让人很有画面感和现实感。点进去后才发现，其实是两篇新媒体稿件，讲的是与"两会"相关的政府工作报告和民法典草案的内容。

甜大只："哎，领导又来催选题，你们就说烦不烦！"

美少女小编："要不是因为他，我的发际线不会在最好的年纪选择退缩。"

谷·凭实力单身·朋："要不是因为干微信，我孩子都能打酱油了！"

甜大只："再逼我报选题，我可就卷铺盖走人了。政府工作报告可说了，城镇要新增 900 多万人呢，还能没有我甜大只一口饭吃？"

美少女小编："一口饭可能不够你吃。"

甜大只："你懂啥？国家准备新建 8000 万亩高标准农田呢，还能饿着我？"

美少女小编："你瞅瞅你给国家添了多少麻烦。"

……

抖包袱埋梗，开脑洞耍机灵，捧哏逗哏遥相呼应。

两篇稿件当中都暗藏着两条线：一条是编辑之间互怼，另一条则是对"两会"文件的解读。两条线穿插，网民了解了知识点：政府工作报告中城镇新增就业 900 万人以上、宽带和专线平均资费降低 15%、新开工改造城镇老旧小区 3.9 万个、新建高标准农田 8000 万亩、减税降费；民法典草案中包括人格权编、婚姻家庭编、继承编、侵权责任编等宏观议题。

通过聊天形式，以平实的交流，幽默风趣的文风、代入感强烈的语句、丰富有料的表情包进行了口语化传播，一定程度上分解了宏大议题的枯燥感、乏味感和不易读性。很多网友留言说："头一次真真正正读懂弄通了政府工作报告。""风趣幽默，平凡人的视角解读报告，感觉就是你我他。""这也太有才了吧，不知不觉中已经普法完毕，是个'爆款'！"

互动是在理解用户的基础上，实现精神上的共鸣，以及更进一步的行动跟随。

这两篇"爆款"中的两个"空间"遥相呼应，互为作用，形成合力，使得两篇稿件的传播实现了加速度。

"活动"篇

该"繁"要耐得烦，该"简"就极致简

——活动运营的"繁"与"简"

该"繁"要耐得烦，该"简"就极致简。

"活动"是由共同目的联合起来并完成一定社会职能的总和，由目的、动机和动作构成，具有完整的结构系统。

"目的和动机"最终落脚为"创意"，需要相对繁复的脑力劳动，更为强调的是"仰望星空"，才能达成一定的高度；"动作"最终落脚为"形式"，考察的多是执行力或行动力，更为强调的是"脚踏实地"，才能达成创意目标的实现。

传统媒体时代，活动往往成为媒体运营的利器，不仅可以彰显媒体品牌理念，还能帮助媒体取得良好的经济效益。同时，媒体活动如果创意和组织成功的话，对于媒体品牌和产品品牌来说，可以达到双赢的效果。

进入融合媒体时代，独家、有创意的媒体策划在日益开放的社会语境和竞争激烈的媒介环境中越来越难得。一个好的策划，不但可以充分利用媒体资源，而且可以增加新闻或活动的"卖点"，更好地吸引受众的注意力。

进入融合媒体时代后，互联网为活动运营提供了更为宽广的舞台，呈现出"不受时空限制""互动性""经济性""大众性""延伸性""创新性"等诸多特点，成为互联网品牌实现竞争突围的重要手段。

相较于传统媒体时代，融合媒体时代的活动运营基本上遵循了传统媒体活动的运营思路和逻辑，只是在技术赋能方面有所突破和创新，给人的想象空间更大，传播效果也更加显著。

融合媒体时代，活动的组织和运营也呈现出很多新的特点，有时，发挥好活动这一利器可以促成品效合一等诸多效果。

在目的和动机上，无论是传统媒体时代还是融合媒体时代，都需要费尽心思去创意。融合媒体时代对"动作"提出了不一样的要求，要适应"读屏时代"和"碎片化阅读"等特征，围绕"小屏思维"做好"轻表达"，而活动的"轻表达"指向的是活动参与和执行不能太过繁复、繁杂，而是要简单易行。"目的和动机"是"繁"，"动作"的要求则是"简"。

简书曾经举办的"神转折"大赛就很好地做到了活动运营的"繁"与"简"。

一、"神转折"流程回顾

简书的"神转折"整个活动流程如下。

就是要送你一万块！简书神转折大赛

对于套路我们见怪不怪，常有的桥段我们早已了然。这样一成不变的世界，我们需要来一点惊喜。如果您最爱出其不意，剑走偏锋，那么别以为我们送您一万块就完事儿了，还有一台手机，拿了才能走！把好玩有趣的想法都砸过来吧，玩的就是天马流星拳，啊不对，天马行空！全宇宙的神转折在召唤您哟！

由简书举办，魅族科技赞助的"我就要送你一万块！"简书神转折大赛今天开始。向活动专题"神转折，全简书我只服你一个"投稿，不仅有机会"特批"上简书首页，还有实在奖励：

一等奖：1 万元现金+魅族 PRO6 手机(32g)，共计 3 名。

二等奖：1 千元现金+魅蓝 Note3 手机(16g)，共计 20 名。

三等奖：200 元现金，共计 50 名。此奖项属于人气奖，简书将根据文章阅读量、评论、喜欢数等指标综合评定，作弊无效。(上述三个奖项不可重复获得)

你以为这样就完了吗？

我们还额外提供手气红包，就是看谁的手快！前 50 名投稿被收录者打赏 200 元，后 50 名打赏 100 元。

同样，二等奖也是每天评出，越早投稿机会越大。每天我们都会推送一两篇稿件上首页，即是二等奖入围者。活动结束后，还将从它们中间评选出一等奖。

参考文章：1.《保安李建军》；2.《昨天在北京坐专车的恐怖经历》。当然，这只是参考，您可能会写得更出色，更加新奇有趣，甚至都无需文字。我们唯一的请求是：请在文末或文中，"毫无违和"地植入魅族三款产品信息（任意一款即可）。

您只需要植入上述魅族三张图片中的任意一张。没错，我们是在花钱做推广，但是我们更期待，脑洞出奇的你能脱颖而出，引导一场新的流行梗。

注意事项：

1. 请勿抄袭、请勿抄袭、请勿抄袭！请遵守国家法律法规。

2. 活动截止时间为 5 月 22 日，过期投稿无效。

3. 获奖作品，著作权依然归作者所有，但魅族拥有使用权。

4. 作为奖品的手机，颜色随机，不能指定。

5. 为保证公平，魅族和简书员工可以投稿，但不能参与评奖。

6. 本次活动解释权归魅族科技所有。

————————神转折大赛特别告示————————

感谢简书作者们的火热支持，由简书和魅族联合组成的编辑组，已淹没在稿件的汪洋大海里，有位女编辑已经看稿看出了胃病……我们正加班加点，希望能尽快收录大家稿件，因为每篇都是细看，所以速度可能稍慢，敬请谅解。

为表达我们的歉意，更为了表达我们的感激——有太多的好文章，让小编双膝跪地——我们决定在现有奖项之外，增设小编特别奖"我们欣赏你"，共计 10 名，特别奉上魅族 HD50 头戴式耳机，官网价 399 元。

……

以上作品已入围神转折大赛二等奖（1000 元现金+魅蓝 note3 手机），还有望最后角逐一等奖。它们均已获得简书首页推荐。

……

感谢每一位参与投票和活动的网友，结果已出，本次魅族简书神转折大赛前三名作品分别是：1. 魅族手机杀人事件；2. 这样的男人离婚还是不离？3. 魅游记。

二、"神转折"的"繁"与"简"

活动策划的"简"要求以最直接的方式让用户参与活动，能扫码搞定的，决不让用户微信搜索公众号，然后点关注；能填写姓名电话搞定的，决不让用户多填其他任何附加信息，坚决做到步骤最简化。

"神转折"可谓做到了优质的"极简"。

1. 主题"简"

征文大赛很多，"神转折"这个点还真没有人想到，且与其他的征文相比，"神转折"这个主题可谓一目了然，是优质的"极简"。

很多活动创意显得很"繁"，似乎想通过一个活动主题满足自己的所有诉求，说简单点就是"什么都想要"，活动诉求太多，最终却没有抓住重点，也就很难找到活动的抓手。事实是，创意"越简单""越直接"，越富有内涵。活动主题没有做到"简"，本质上就是没有达成大道至简。

2. 规则"简"

规则"简"跟互联网的"简单粗暴"的意思比较吻合。"我就要送你一万块！"简明扼要，直奔主题，三个奖项的设置一目了然，不像有些活动，把评奖规则弄得十分复杂，让用户理解起来颇费劲。比如下面这个活动，如果不去认真研究，估计很难消化好活动的诸多规则。

活动1：关注转发意现金红包
1：关注公众账号【你搬吗】，并转发此文到朋友圈送7.7元；
2：转发朋友圈后获得点赞最多的前10名每人送77元；
3：转发朋友圈后评论、点赞总和最多的送777元现金红包。
将关注公众号和转发朋友圈的截图发送到我的微信号：wangyuxi2323
活动时间：2015年8月20日12:00点-2015年8月21日12:00点

活动2：看图答题送现金红包
1：猜对其中一个场景的准确工作时间。（全部图）
2：给白色透明打包箱子一个准确估价。（全部图）
3：猜电视旁的帅哥在干嘛？（图2）
4：电视旁的帅哥身边有两个大黑盒子分别装了什么？（图2）
5：所有图中一共出现了几个家？（全部图）
6：电视上有个蓝色的东西是什么？（图2）
7：猜猜右下方的袋子里装的是什么？（图3）
8：找到关于安全保护的特别之处，并说出它的专业名称（图5）
9：在所有图中找出两种以上食品（全部图）
10：在所有图中找出四种以上动物（全部图）

奖励说明：
1、答对一题奖励7元
2、答对一题奖励14元

3. 文案"简"

文案能让用户迅速理解活动规则和活动目的，要做到这点，需要活动组织方具有较强的文案能力。如果文案能力不强，表达不接地气，文案很可能啰里吧嗦，让人拎不清，效果就会迥然不同。

4. 参与"简"

参与"简"指的是没什么门槛，活动规则简单，无需复杂的步骤。"神转折"这个主题很接地气，也非常吻合"轻表达"之"程度浅"，人人似都可"神转折"一下，这就有了比较广泛的参与度。

"四简"后却不能忽视活动的"繁"。

没有"繁"，活动将很难达成创意目标。这里的"繁"不是繁琐，而是对各个环节的把控非常到位，尤其是细节把控方面，可谓"细节控"。具体体现在以下几个方面。

（1）推出两篇范文。两篇范文既没有限制创作者的想象，又给了大家一定的创作方向。如果不给范文，而是给出一些"具体要求"，理解能力强的可能会按照主办方的意图来，理解稍微出现偏差就可能与主办方的设想相差十万八千里。给出两篇范文这一细节可以看出主办方的良苦用心，没有这一"繁"，很可能目标达成就会差强人意。

（2）推出手快红包。大凡写作的人都会不断地打磨自己的文字和创意。如果任由大家这样的话，活动前期就很可能会遇冷，也无法激发后来者迎头赶上。虽然"手快红包"可能会导致作品品质有所降低，但作为活动本身来说，初期的"品质"是矛盾的次要方面，矛盾的主要方面应该是让创作者尽快交稿，保持活动热度，激发后来者跟上，直至形成一浪高过一浪的投稿热潮。

(3)推出每天有奖。每天开"二等奖"的设定堪称"繁"到点上。这次的评奖不像传统媒体时代的征文大赛，非得到最后才知道结果。"每天开奖"除了事实性地证明奖项存在，还会激发创作者本人和后来者的兴趣。孙玉胜说："过程与悬念是密不可分的，二者互为前提：没有悬念的过程平淡无味；而失去悬念之后，过程本身就只能是一种用以欣赏的表演。"[1]每天开奖就是"有悬念的过程"，或者是"把悬念过程化"。这方面的突出代表是中央电视台曾经的《开心辞典》栏目和浙江卫视的《一站到底》。

与早先很多知识竞赛类节目不同的是，《开心辞典》的成功与益智无关，而是与悬念有关。

(4)推出小编特别奖。这一细节的设定也是对"过程"的关注，目的就是引导大家积极投稿。及时将好作品进行包装传播这一安排，也极大地激发了创作者的热情。

(5)每篇回复。编辑会在看完稿子之后给作者留一小段话：你写的稿子，我看到了。别看就只有一两句话，却体现了对所有作者应有的尊重，还可以促使创作者继续创作。

来看看活动主办方是怎么说的。

"现在回头去看，其实大框架上没有做什么太多的事情，但是细节上却有很多。如：活动文案怎么写，能表达出'虽然我是广告主，但我的目的其实是想请大家玩一场'这样的概念。"

"文章案例给得准。给大家的两篇范例文章都是魅族之前做的广告，大家看了之后，会比较有概念，知道我们需要什么，这就比单纯的征文

---

[1] 孙玉胜. 十年[M]. 北京：人民文学出版社，2021.

要好。"

"反应速度快。活动进程大的问题没有，小细节每天都有。两边的团队反应速度都很迅猛。"

"无法保证获奖作品是最佳作品，但程序公平是可以做到的。我们确保我们的获奖作品都是经过公平程序产生、水平较高的作品。"

"运营就是通过很多看似琐碎无趣的事情，来赋予一个产品闪耀的光芒。"

总的来说，这次"神转折"既有奇思妙想，又有心思缜密，是"好创意加上好执行，细节制胜神转折大赛"，也可称为"繁""简"有度。

这里的"繁"是"麻烦自己"，是"耐得烦"，"繁"得事无巨细，心思缜密；"简"则是简便了用户，"简"得一目了然和简单易行。

"简"与"繁"互相支撑，最终成就了现象级活动。

三、"繁"与"简"的现实应用

从移动端与 PC 端活动设计也可以看出如何"繁""简"有度。

PC 端运营可以设计一些包装和噱头，因为屏幕较大、操作方便，用户方便去了解活动细节。移动端则要直截了当，操作便捷，用户付出的时间成本和脑力成本越少越好。

每到春节，各种营销活动抢滩登陆。

从这些年的春节活动来看，大家基本做到了"繁""简"有度，活动的海报能够做到"简"。比如，滴滴打车的海报干净整洁，一目了然；支付宝集五福和美团外卖红包活动，无论是"去加朋友"还是"输入手机号"，都是直奔主题，诉求单一。

主流媒体在活动的"繁简有度"上也在不断探索，比如，2016年春节前夕，《洛阳晚报》微信矩阵组建完毕，等待集中上线。惯常的处理办法是在报纸上刊发相关消息，同时在文后列出所有矩阵成员的二维码，供读者扫描关注。然而，这种方式很难激发读者的阅读与关注兴趣，且集中推出的二维码如同一个个"墨疙瘩"，容易出现版面不美观、不好排序等问题。

最终，他们将微信矩阵上线与新春送礼活动结合起来。在羊年除夕当天上午，微信矩阵17个公众号依据自身的特点，分别上线各类送礼活动。读者关注任意一个公众号，都可参与极富特色的寻宝活动；官方微信则邀请读者自创对联，并将"晚报"二字嵌入其中，作品精彩者可获大奖。

最终这一创意变"请读者扫码"为"读者主动扫码"，在春节长假里吸引了近300万人次参与活动，各微信公众号也涨粉不少，与粉丝互动成效显著。

四、用户画像引领"繁简有度"

活动运营的"繁简有度"前提是做好用户画像。离开了精准的用户画像，活动运营就会滑入"一厢情愿"。"神转折"是在对喜欢和愿意参与"神转折"的用户有了深刻洞察后，才能做到流程的"极简"和内容的"极繁"。

用户画像即将用户信息标签化，通过收集用户的社会属性、消费习惯、偏好特征等各个维度的数据，进而对用户或产品特征属性进行刻画，并对这些特征进行分析、统计，挖掘潜在价值信息，从而抽象出用户的信息全貌。

用户画像（persona）是指在产品（活动）设计的过程中抛开个人喜好，基于目标用户的动机和行为进行产品设计，使产品（活动）的服务对象更加聚焦，更加专注。用户画像可以在一定程度上避免产品设计人员草率地代表用户。

代替用户发声是产品设计中经常出现的现象，产品设计人员会不自觉地认为用户的期望跟他们是一致的，还总打着"为用户服务"的旗号，但结果却不尽如人意。

Google Buzz 在问世之前曾做过近两万人的用户测试，可这些人都是Google 自己的员工，测试中他们对于 Buzz 的很多功能都表示肯定，使用起来也非常流畅。产品真正推出后，却意外收到来自实际用户的抱怨。所以通过用户画像，找准自己的立足点和发力方向，才能真切地从用户角度出发，剖析核心诉求。

关于用户画像和用户心理洞察，也有很多失败的案例。

"扫码领眼镜水"活动就是因为没有做好用户画像，导致推广失败。眼镜水的使用群体多半收入比较高，消费能力比较强，一瓶十几块钱的眼镜水是否免费，对这个群体来说没有太大吸引力，更何况，扫码注册还容易造成隐私的泄露。

2017 年的几个经典广告营销活动就是在做好用户画像基础上取得成功的。例如，招商银行的"西红柿炒蛋"。

2017 年 11 月 1 日，一支名为《世界再大，大不过一盘番茄炒蛋》的广告突然在朋友圈刷屏。转发的朋友纷纷表示："不知不觉就泪目了。"故事内容是一位出国在外的留学生，想在同学面前露一手，于是向大洋彼岸的母亲求助，最后做出了满意的番茄炒蛋。让留学生忽略的是，由于中美两地的时间差，母亲是深夜为儿子教学。该广告是招商银行为推广其留学生信用卡而推出的案例。

"翻茄炒蛋"也是对留学生群体进行了精准画像后，以《世界再大，大不过一盘番茄炒蛋》为切入点，对留学生群体来了个精准打击。

除此之外，2017 年的几则广告创意看似出奇制胜，其实就是做到了创意的大道至简。比如蚂蚁财富的"年纪越大，越没人原谅你的穷"。9 月 29 日，一组号称来自支付宝的主题海报在朋友圈刷屏，"年纪越大，越没有人原谅你"。文案又丧又扎心，戳中了很多年轻人的心中痛。后来，支付宝很快回应，该组文案原来是蚂蚁金融旗下"蚂蚁财富"推出的，是其联合 16 家基金所做的推广活动。

同样大道至简的，还有网易云音乐的扎心地铁文案、"百雀羚"的一镜到底广告和腾讯公益的"小朋友"的画廊。

3 月 20 日，网易云音乐把 App 上点赞数最高的数百条乐评印满了杭州市地铁 1 号线和整个江陵路地铁站。没想到，这些乐评内容条条扎心，网友直呼戳泪，如此走心的文案，让人印象深刻。

5 月 9 日，各大品牌进入了紧张的母亲节活动备战状态。百雀羚围绕母亲节定制礼盒"月光宝盒"的一则一镜到底广告，成为广告、营销、公关、新媒体、传媒……各种圈的热议话题，传播性、口碑都堪称上乘之作。

8 月 29 日一早，当大家还沉浸在七夕的浪漫氛围中时，朋友圈猝不及防地被一组小朋友的画作刷屏，大家纷纷表示画作相当"惊艳"。这组刷屏画作正是腾讯公益和"wabc 无障碍艺途"公益机构联合出品的 H5——"小朋友"的画廊。用户参与扫描二维码后，只要 1 元或输入任意金额，就可以"购买"下心仪的画作，爱心画作可以保存到手机做屏保。"小朋友"画廊刷屏后，很快就凑到了活动设定的 1500 万元目标。

这些活动的成功有一个共同点，就是建立在精准的用户画像基础上，创意非常高妙，表达和呈现方式单一有力。从创意到执行，都走过了化繁为简的艰辛历程。

施拉姆认为，尽可能同时调动各种感官的交流是有优势的。好的活动创意也离不开技术力量的加持，通过技术的嵌入，可以极大地调动各种感官的交流，在这一点上，2016 年《洛阳晚报》的一次探索具有一定借鉴意义。

在筹备 2016 年中国洛阳牡丹文化节相关报道时，《洛阳晚报》编辑部提前对多种新兴技术进行考察，最终确定引入增强现实（Augmented Reality，AR）和虚拟现实（Virtual Reality，VR）技术。其中，借助 AR 技术，在阅读《牡丹，最美的邂逅》特刊时，利用手机中的特定 App 扫描相关识别图片，即可感受由虚拟信息和现实场景完美结合的视觉效果；借助 VR 技术，读者在《720°全景看牡丹》栏目中，可用手机观看他们拍摄、拼接、合成的 720°（水平 360°+垂直 360°）牡丹观赏园高空全景照。

相较于单一的文字表达，新技术的嵌入和运用，看似"繁"，然而在消费体验上，因为直观就显得简单得多。同时，这个"简"也是建立在文字表达"繁"的基础上。

"短视频"篇

从野蛮生长到美好生态构建

——短视频娱乐属性和现场属性的坚守与开掘

2022 年"广州发布会集体脱口罩"短视频配的音乐是"春天的故事"，堪称神来之笔。

短视频依然很疯，粗制滥造的短视频内容也很疯。克隆创意和表达方法不是不行，只是走不远，此时，创新就显得尤为迫切。

虽然当前的短视频江湖热闹非凡，但是很多粗放型的短视频已逐渐开始消磨用户刷短视频的耐心，影响短视频生态，短视频江湖的大浪淘沙势在必行。

朱熹说，为学之道至简至易，但患不知其方。

无论是"对实践敬仰""守理论自信"，还是"基于方法论上的创新"，都需要透过现象看本质，大道至简，找到短视频创作的根本遵循，而不是局限在"技巧"上打圈圈。

从视频创作的实践来看，当前，视频的娱乐属性和现场属性的开掘是两个常常被忽视且没有被正确对待的问题。

本章从三个方面对短视频娱乐属性和现场属性的坚守和开掘做一个梳理。分别为"短视频策划的'娱乐'和'现场'""短视频创作的多维发力"和"短视频生态发展之问"。

一、短视频的"娱乐"和"现场"

孙玉胜提出,"娱乐性是视频的原始属性","视听作品深度源于事实"。稍加演绎,视频创作时,娱乐属性和现场属性的开掘都必须孜孜以求。

首先,视频能把大家带到现场,而文字等形式只能带给大家身临其境之感。"现场属性"是视频创作必须遵循的一个基本原则,如果视频创作不去坚守和开掘"现场性",无法达成扬视频之长,无异于舍本求末。

其次,相较于其他表达形式,视频表达用的是视听语言,是利用视听刺激的合理安排,向受众传播信息的一种感性语言。既然是感性语言,就要想尽办法打开视觉和听觉两大信息通道,给人美的享受。如果视频缺乏娱乐性,想吸引大家看,无异于缘木求鱼。

短视频也是视频。离开了娱乐属性和现场属性的开掘,不论投了多少钱,请多少流量明星,最终还是会一地鸡毛。

(一)"娱乐"的坚守和开掘

关于"娱乐",下面的解读得到了广泛认同:"娱"字在古代又通"悟",领悟的"悟"。"娱"是一种领悟之后的情绪;而"乐",在甲骨文中是成熟麦子的意思。于是,娱乐的本意可以是领悟之后的感受和成熟之后的喜悦。

以较为火爆的抖音短视频为例。抖音短视频类型可粗略分为音乐类短视频、搞笑类短视频、情感类短视频、服务类短视频、知识类短视频、悬念类短视频等。

依照这样的分类，我们该如何开掘音乐、幽默、情感、悬念、知识等的娱乐性？

1. 音乐的娱乐性

语音的尽头是音乐——贝多芬。

当一种思想情感无法用言语表达时，人们常常会诉诸音乐，从音乐中可以收获"领悟之后的感受和成熟之后的喜悦"。

电影《芳华》片尾曲《绒花》让观众久久不忍离去；表白的时候很多人喜欢唱歌等，都是音乐传情达意的最好解读。

抖音短视频火爆的关键性因素便是音乐的娱乐性得到了极好的发挥。抖音短视频最初被称为音乐短视频。

据相关调查，音乐可将短视频的播放量、互动量提升 20%，对商业视频影响则更大。有时，音乐可使商业视频播放量、互动量提高达 300%。每年，抖音里都会出现高频使用的音乐，比如，2019 年是《你笑起来真好看》。

音乐与短视频已经跳出了传统意义上的结合：音乐不再只是视听作品的"陪衬"，而是挑起了短视频社交传播的大梁，用户因为喜欢音乐而传播短视频，最终达成音乐带着内容飞之目的。

在音乐短视频的影响和带动下，人们开始为新闻短视频配上音乐。

"新闻短视频的音乐是对信息传播的重要补充，好的配乐可以提升受众对新闻的感知程度，大大增强传播效果。"南方都市报新媒体事业中心首席内容官、N 视频总编辑陈伟斌表示。①

陈伟斌认为，受融媒体传播环境影响，新闻短视频配乐是不可避免的。从传播特性来看，新闻短视频受音乐短视频影响，诞生之初就具有短平快、碎片化的特点，不可避免要使用配乐。从传播受众来看，10 亿+网民获取信息的习惯早已深刻改变，快节奏、碎片化、情绪化的内容才会引起用户的兴趣。

新闻短视频配上音乐是提升短视频社交功能的需要，当然，不是所有的新闻短视频都必须配上音乐，须考虑音乐与新闻内容的匹配度和融合度，一旦行差踏错，就违背了新闻传播的基本规律，有画蛇添足之嫌。

2. 幽默的娱乐性

据网友们归纳，在搞笑类短视频制作中，抖音爆款视频有 5 大常用技法，①套路 VS 反套路。比如，男生问女服务员：冰水喝完了怎么办？……最终，冰块也喝完了后，男生就问女服务员"可以加微信?"②剧情演绎。这类短视频非常多，主要是通过剧情的翻转达成娱乐效果。③二次创作。将一些长视频中的搞笑部分给单独切分出来，供用户欣赏。④猜不到结局。运用悬念的艺术，通过结局的"猜不到"达成娱乐效果。⑤自黑。通过自我调侃达成娱乐效果。比如程序员找女朋友："你择偶有什么需求?"他表示："是女孩子就好，如果不是产品经理的话，条件可以再放宽……"

搞笑类短视频是通过"幽默"这个通道，在碎片化时间娱乐用户，放松心情。

---

① 传媒茶话会. 真纠结，新闻短视频该不该配乐，配的话，怎么配？[EB/OL].
[2022-08-01]. https://mp.weixin.qq.com/s/HT9fsxyM5luecBRwV5mQGA.

3. 情感的娱乐性

美好的情感能让人们从中得到领悟，获得成长的喜悦，极具娱乐性。抖音里的一些情感故事在配音、音乐、同期声、表演、画面等视听元素的推波助澜下，有时可以在非常短的时间内给用户带来一种情感堆积或渲染，催生情感上的同频共振，令人情难自禁，老泪纵横。

首先，坚守和挖掘情感的娱乐性需要短视频传递的情感是真实的，只有真实才能达成"领悟之后的感受和成熟之后的喜悦"，离开了真实就会滑入"矫揉造作"。其次，要充分用好各种视听语言，助力情感释放，直至引起共鸣，同时还要做好细节的表达和挖掘。一旦所传递的情感能够引起用户的共鸣，就会形成二次传播，也就有了裂变式传播的基础。

情感类短视频还有一个突进的方向被大众忽略，那就是"特写短视频"。所谓"特写短视频"，就是运用蒙太奇组合逻辑，将一众特写镜头有机地组合在一起。比如一个背影、一滴眼泪、一种姿态、一声呼唤、一个笑容、一句呢喃、一个眼神、一个动作、一句旁白、一句画外……将这些特写镜头进行有机组接，可以表达很多复杂的情感。

"特写短视频"的创作其实就是表达角度问题，需要一定的专业度。曾经，一部名为《背影》的短片就斩获了 33 项大奖。此片就是从人的背影角度来展示人的一生，也是由于其独特的角度，使得人们对人生有了相对独特的领悟。

4. 悬念的娱乐性

"视频是悬念的艺术。"——孙玉胜

视频传播有一个非常重要的逻辑就是悬念越大，过程越值得关注。短视频虽短，更需追求悬念，不然，再短人们可能也不会看完。

悬念也是短视频娱乐性开掘的一个抓手。悬念类短视频大多聚焦于反转，也是"猜不到结尾"的具体运用，同时也体现在各个环节。包括镜头本身的运动（推拉摇移）、视听语言蒙太奇应用和故事讲述的悬念运用。

短视频悬念的运用应尽量做到"全体都有"。也就是说，有关视频的各种元素运用都要发力悬念。

5. "好看"的娱乐性

这里的"好看"是一个相对综合或者全方位的概念。在创作短视频时，短视频的形式、内容、服化道、音乐、悬念、演员、创意等各种视听语言都能最大限度地提升娱乐性，直至成就"好看"。

在"好看"的娱乐性开掘方面，"阿跪的幸福生活"做得很是不错。"阿跪的幸福生活"传递的基本上属于冰点类的知识。

首先，冰点类的知识本来就非常有市场，这类知识总能够带给人领悟之后的感受和成熟之后的喜悦。其次，他的表达通俗易懂，很接地气，对内容进行了二次深加工。最后，场景设计、服装设计也都非常生活化和轻松随意，极其注重悬念娱乐性的开掘。他的视频结尾大多是被老婆打骂的情节，形成规律后，也成了他的视频特点之一。

相较于其他类短视频，服务类短视频在娱乐性挖掘方面做得相对弱一些。

以做菜类短视频为例。做菜类短视频在如何做菜方面都有自己的一套，普通用户很难分出高低。如果只是将主要精力放在做菜的步骤和注意事项上，就会陷入所谓的同质化竞争，很难令短视频出圈。此时，在场景的设置、理念的深度、画面的美感、表达的幽默等方面若有娱乐元素的加入，就会让用户有一个更好的体验，也会提高产品的附加值。

董宇辉的成功表面看是知识分享带来的，从娱乐属性层面来理解，就是他在直播间传递的知识能够给人"领悟之后的感受和成熟之后的喜悦"。

6. "娱乐"的两极分化

当前中国，娱乐属性的达成出现两个极端的现象。

第一种现象是漠视视频的娱乐属性。例如，有些影视作品为追求所谓的深刻和深度，把视频的娱乐属性开掘抛到脑后，最终导致一些主旋律作品花了大价钱，最终收视却一地鸡毛。

第二种现象是过度娱乐化，或者叫泛娱乐化，被诟病为"娱乐至死"。

总的来说，无论是"对实践敬仰"还是"守理论自信"，做好视频作品娱乐属性的开掘，既不是娱乐至死或浅层次上的娱乐，更不是那种只有所谓的意义而毫无意思的宣教，而是要"寓教于乐"和"有意义有意思"。

(二)"现场"的坚守和开掘

除了娱乐属性的坚守和开掘，视频的现场属性也是必须坚守和开掘的。短视频的现场属性坚守和开掘也有非常多有益的探索，比如，导游在陆游的雕像前讲陆游的传奇一生，相比坐在家里对着镜头"空"讲的形式，传递的信息更丰富，更形象，更直观，也更真实。这就是"到现场"，也是短视频现场属性的坚守和挖掘。

在孙玉胜看来，"视频对现场的追求应该是其自然的法则，只有在现场才更有话语权，这是媒体建立公信力和权威性的不二定律"。

对现场的追求也是短视频创作的不二定律。

不妨思考一下，制作一个酿酒水质如何好的短视频，是通过制作一些展现水质好的画面来表达，还是直接到水源地去直播？讲汽车的零部件品质如何过硬，是通过视频技术制作一些品质生产流程好，还是直接到车间去看如何保证零部件品质？……

答案一定是"到现场去"。因为视频抵达现场，才更真实。

2024 年春节期间，中央电视台一套推出的"三餐四季"节目令人眼前一亮。不同于铺满大屏和小屏的美食做菜类节目，该节目以主持人和嘉宾深入菜场（现场），搭建"三餐四季"厨房的形式推介当地的美食。正是因为到了现场，他们的美食推介就更真切，更贴近，更有氛围感，同时，所传递的信息也更多。

单论做菜的技巧和艺术，"三餐四季"不见得比那些搭建室内场景的来得更好，之所以能够脱颖而出，迅速抓住观众，首先，得益于现场属性的开掘；其次，也得益于视频娱乐属性的开掘，主持人撒贝宁等非常接地气的串词也能让观众乐在其中。

在视频的现场属性方法论的指引下，"三餐四季"的升级版应该就不止从菜场获取菜品，还可以考虑从田间地头去获取，甚至可以如李子柒般从播种开始。

现场感的达成不仅体现在新闻类作品中，一些艺术类作品的运用也非常到位。例如，湖南卫视的精准扶贫舞台剧《青春在大地》，该节目虽然是舞台剧形式，但通过舞台背景的搭建，服化道的设计，做到了尽量还原现场，靠近现场，注重生活化的表达，最后大获成功。

现场有时稍纵即逝，因此短视频创作要特别注重记录现场。

一家医院深夜接诊了一位车祸患者，患者的一条手臂"飞"了出去。医院的品宣部门很想将这一案例报道出去，却面临手术是否成功的问题。一旦手术不成功，对于医院方来说，这个案例就没有什么推送价值。最终，手术获得成功。医院将该案例做了一个宣传味极浓的微信推送。

如果心中有"现场"和一定的策划意识，完全可以做成一个现场感极强的系列短视频。首先，将车祸现场用视频、图片的形式及时记录下来。然后，将抢救、手术、术后恢复等过程忠实记录下来。手术一旦成功，便可以以《飞出去的手臂》为题，秉承用事实说话的原则，制作成一个系列短视频。为吸引大家，可秉承制造悬念的理念来进行叙事，这样传播效果要好很多。

二、短视频创作的多维发力

娱乐属性和现场属性的坚守和开掘需要多维发力，最终评判标准离不开"好看"二字。

做到"好看"，要把握好"形式""音乐""逻辑""配合""节奏""由头""好看"和"品效合一"8 个关键词。

1. 形式

从当前的实践中不难发现一个规律：短视频制作似乎"总在形式反作用于内容表达"。

短视频制作更加强调"形式"，原因在于：首先，短视频很短。在很短的时间里，如果形式过于复杂，势必会造成注意力分散，影响用户对内容信息的接收。其次，短视频主题相对单一和"刷短视频"行为模式的叠加。如果各种视听元素一拥而上，复杂的形式加上主题的单一，效果反而不好。最后，很多短视频创作者并没有非常完备的拍摄和制作条件。

有时候，好的、单一的形式可以起到四两拨千斤的效果，极大地助力内容表达。

比如，8个人前后随意分成两排，机械式地挨个唱《忐忑》，从唱得出奇难听一直到唱得很专业。这个形式看似很原生态（没有任何编排和修饰），却能形象而又逼真地反应唱《忐忑》这首歌的难度。而且，8个人轮流唱的过程能形成直接对比并产生悬念，从而将娱乐性和现场性的坚守和开掘做得非常到位。

相较于这种原汁原味的呈现，如果"设计感"太过明显就有可能削减真实性。

再比如，小两口蒙着眼睛回答同样敏感的问题。蒙着眼睛这一形式就极大地助力了内容表达的反差感和真实感。如果不是蒙着眼睛，问题的回答不免受到各种现实因素的干扰，其真实性就很难体现，还出不了戏剧效果。

笔者曾经给学生布置了一个期末考题，主题为"毛铺虽好，也不要贪杯哟！"的短视频创作。

该主题源于曾经很火的一句广告词"劲酒虽好，可不要贪杯哟！"毛铺健康白酒和劲酒都是劲牌公司出品。

笔者批阅考题时发现，99%的同学采用了情景剧的形式，通过讲一个故事去诠释主题。令人眼前一亮的是，有两组同学选择通过"真心话大冒险"和"辩论赛"的形式来诠释主题。

相较于绝大多数同学费尽心力去构思和创作的情景剧来说，这两种形式都能直奔主题，在极短的时间内准确而形象地表达主题。而且，操作起来显得更方便、更直接，信息传递也更形象和饱满。

对于短视频创作来说，好的形式至关重要，创作前，不妨少一些墨守成规，多在形式创新上下工夫。

2. 音乐

因为惯性思维，很多人在创作视听作品时往往会忽略"音乐传递信息"这一事实，只是将音乐作为一种背景音乐来使用，起到的作用是点缀或陪衬。

短视频最初被称为音乐短视频，也是由于抖音的实践，音乐才真正得以冲破人们固有认知上的从属地位，挑起了传递信息的重担，很多用户会因为音乐而看完并传播。

音乐助力短视频的社交传播，还有一个重要原因是音乐选择上的"喜闻乐见"，这是抖音的功劳或者说贡献。如果选择的短视频音乐不是大家喜闻乐见的，而是很小众的，就很难与更多的人在音乐层面产生共鸣和连接，也就无法很好地实现短视频的社交功能。

令人欣慰的是，当前很多影视作品已经开始重视音乐传递信息的功能的开掘，最明显的表现是插曲越来越多样。

3. 文案

无论是简单粗暴、自以为是的广告，还是"我手写我心"的故事创作，逻辑思维都是一种内在刚性要求。

短视频的逻辑落到文案创作上，也是最难的。虽然文案创作在短视频领域属于"高难度"，但却不能把文案丢到一边。无论视频的感官刺激如何强烈，最终都要依托于文字。

文字的独特魅力是其他语言形式无法替代的。文字功夫的重要性也可以从流传的那句"会说的不如会写的"看出来。用在短视频创作上就可以解读为：你可以不用文案把事说清楚，但如果你文案水平很高，将更胜一筹。

因为文案和逻辑思维能力不够，当前，很多品牌故事类短视频往往会出现逻辑混乱的现象，拉低了品牌形象。

关于文案创作，主要把握三个方面：①多看经典文案，多琢磨多思考。平时多琢磨，来时就顺溜。②给自己一个"金句"文件夹。平时多积累，肚里就有货！③没事多写字，写多了就有感觉，直至熟能生巧。

同时，短视频文案创作要力避过多的说教和空发议论，也就是人们常说的"无病呻吟"。

"要知道，银幕上的人物是在生活，对话对于他们来说是用来交流思想感情的，不是说给台下的观众听的。观众是在偷听。观众不是外星人，他们也有生活经验，他们懂得生活。电影创作者不必用对话去教导观众。"——周传基。

将这段话放到短视频文案创作上，一样适用。

4. 配合

创新理论鼻祖、经济学家约瑟夫·熊彼特曾说："创新就是生产要素的重新组合。"

现实生活中"创新"二字随处可见，但真正知道创新内涵和路径的却不多，这也导致很多"创新"只停留在口头上，找不到抓手。

从创新概念出发，视听作品的创新就是视听语言的重新组合，也可以理解为视听语言"打配合"，短视频品质的提升最终绕不开视听语言"打配合"的问题。

说得简单点：该配音表达就配音，该字幕表达就字幕，该同期声表达就同期声，该音乐表达就音乐，该旁白表达就旁白……不能该配音的时候字幕，该字幕的时候配音，该音乐的时候配音……

知易行难，如何"打配合"非常考专业素养。

当前短视频领域的"视听语言重新组合"存在两个非常有意思的现象：一是专业人士难以走出思维惯性区。这类人虽然有专业素养，却因为长期的大屏思维，在进行短视频创作时，存在思维定势，也就是缺少"短视频智慧"。

2022年曾经有一个"媒体短视频"方面的榜单。榜单显示，电视台和报社在短视频创作领域竟然"平分秋色"。更令人唏嘘的是，在短视频创作领域，无论是专业派还是所谓的草根派，传统观念都有些根深蒂固，即便互联网原住民们也并不存在所谓的先发优势。

二是，非专业人士乱中取胜。一些非专业人士在制作短视频时，往往是"凭感觉"，感觉到位了就会非常火爆。李子柒、东北的张同学等都是非专业人士，却可以凭借对视听语言的超级感知和自己的努力，在视频领域取得不错的成绩。不过，提高短视频创作质量最终还要有对视听语言把控的专业素养。

5. 节奏

作为一种艺术形式，短视频创作离不开节奏的把控。

由于"信息海量"和"刷短视频"行为，节奏可能决定短视频的生死，尤其是在内容"不是非看不可，非看完不可"的情况下。

首先，短视频的节奏最忌讳拖沓，要尽量做减法，少讲废话。比如，很多短视频创作者总喜欢"请听我说"或"请听我接着往下说"。事实是，这类用语在短视频领域基本属于画蛇添足。去掉不仅不影响内容表达，还能够让用户迅速进入主题。

做减法要严格遵循"短视频是用秒来计算的艺术"的理念。具体到执行过程中，音乐、画面、配音、同期声、镜头等的每一秒都得严格遵循"恰到好处"，不能出现节奏拖沓的情况。做减法还要创作者惜墨如金，和写短消息类文字和创作广告词一样，不多一个字。比如，"集天地之气，融自然之和"这条广告宣传语，去掉"集"和"融"，顿时就更有气势和气度。

其次，要遵循内容本身的节奏。该快的时候不快，该慢的时候不慢是要命的。"用秒来计算"的方法论不能仅停留于技术层面的把握，而是要从人们的接受心理上去深度体悟，把握用户的节奏。

节奏把握上也得遵循"虎头""猪肚子""豹尾巴"的基本规律，也就是常说的开头抓人，中间留人，结尾感人。

短视频创作上，开头的作用被不断强化。曾经有人以好的高考作文为例，对"开头"的一些方法做了一个梳理，分别是：①开门见山；②善用修辞；③引经据典；④场景描述；⑤善用题记等。其实，无论是什么样的开头形式，都必须服务于"先声夺人"，如果要再加上一句话，那就是"把期待值拉满"。

6. 由头

前面 5 个部分是在有了选题之后需要做的一些工作，而如何选题可谓十分重要。

题材对了，有了关注度，制作粗糙点又何妨？题材不对，没有关注度，制作得再用心，又有什么用？如果题材对了，有关注度，创意制作精良，那么就有可能成为"爆款"。

选题首要遵循的是"大家关心"的原则，虽然每个人关心的点会有不同，但总的原则是选题要有新闻性，具有新闻性的短视频点击率会高很多。

即使题材新闻性不强，也要为自己的内容找到一个好的新闻由头。比如，做菜类短视频就可以围绕"为什么今天教大家做这个菜"找一个新闻由头，一旦有了新闻由头，关注度自然就会提高。比如，"小雪"那天教大家做一个跟"小雪"有关的菜，或者和当时的社会热点联系起来，教大家做一道相关的菜。这样不仅有了很好的新闻由头和传播性，这道菜的内涵也会更加丰富。

7. 好看

在谈起视频的娱乐属性时，孙玉胜认为应该"怎么好看怎么来"。

具体来讲，就是视频中的人好看、景好看、画面好看、服化道好看、制作好看、剪接顺溜、节奏刚刚好、细节传神、故事性强、对白有味道、字幕好看等。下面以医院短视频创作为例，谈谈如何"好看"。

（1）不要总是"宣传宣传"

医院每天都有故事，题材可谓俯仰皆是。奇怪的是，很多医院的品宣部门居然发愁找不到内容。

思考选题时有几问需要回答：你的成功手术与我何干；你的成就与我何干；你的付出与我何干；你的努力与我何干……如此说来，在确定选题的时候，就要遵循"与我有关"，具体而言，宜用事实说话，忌宣传思维；侧重硬信息的及时传播，少一些自以为是的宣传。

（2）不要总是"抓大放小"

医院每天都在发生各种各样的故事，不能总是盯着大手术，不要总是"抓大放小"，恰恰是医院每天都在发生的"小感动""小细节"能直抵人心，引发共鸣，激发人性善，求得认同。比如日常工作中一句温暖的话、一个简单的举动、一个小小的创新、一处小小的改变……都可以起到于细微处见精神、见担当、见温暖。

这些"小"都是短视频最生动的素材，比起那些宣传高精尖技术的短视频，传播效果要好得多。

(3)不要总是"好人好事"

点开医院的公众号或视频号，可以看到很多"好人好事"类的短视频，这种短视频宣传味道太浓，效果也不尽如人意。

好人好事的宣传固然重要，但表达时要做到润物无声，潜移默化，细水长流才行。否则，表达过于露骨，跟自我标榜差不多，也奢谈说服力和影响力了。

(4)不要总是"医院医生"

落脚点不能总是放在医院医生上面，可多从用户关心的"医患关系"角度切入，这样的选题会有广泛的连接性、互动性，开掘的空间也大。

医院总会收到一些患者的感谢信，品宣部门也会关注这些素材。不要仅停留在感谢信表面，而应该对背景信息进行很好地挖掘和放大，除工作外，也可多关注生活方面的素材内容。比如，医护人员的生活态度和状态。

(5)不要总是"套路"

医院业务确实需要做广告宣传，但也得秉承用事实说话的原则。医院故事那么多，集中精力讲故事就够了。讲故事时要坚决杜绝套路。套路是近路，一时的套路可产生速效，却难长效，最终打动人心的还是真情实感。创作人物故事时，把人当人看，当人写。"源于生活高于生活"不是远离生活，一旦失真，一切白搭。

（6）不要总是"大而全"

实际操作中，很多医院品宣部门的同志喜欢将能够宣扬医院形象的很多内容塞进一条短视频中。比如一例手术成功的内容，就包括医院怎么重视、医生怎么付出、平时怎么抓服务，这例手术的标志意义等各种信息要素。这种"大而全"的表达就是所谓的宣传思维在作祟，不如集中精力将这例手术的前前后后包括细节讲清楚，用事实说话，让事实活起来。

（7）不要总是"就事论事"

策划短视频时要告诉自己尽量"往前走两步"，而不仅仅停留在就事论事上。比如，医院跟另外两家医院的相关科室搞了联合办医，想通过短视频的形式进行推送。此时，"往前走两步"很重要。

第一种方案：把三家医院联合办医的消息，通过短视频的形式传递出去。第二种方案：尝试从转院的角度推介三家医院联合办医。第三种方案：从患者角度谈谈三家医院联合办医对患者有什么好处，也可以从医生的角度谈三家医院联合办医的好处。第四种方案：从情感故事创作入手，请一个当事人分享自己经历的三家医院联合办医的好处，可以设置一些悬念。第五种方案：通过剧情演绎的方法，讲述一个联合办医给患者带来好处的故事，标题可以考虑"只因多了一句嘴"，讲述一位患者因为不知道怎么选择医院，最终听说这家医院有两家省级大医院的医生常驻，最终不仅免了舟车劳顿，还治好了病的故事。

这五种方案，你会选哪一个？思路决定出路，好的思路将极大助力事实的传播。

8. 短视频运营的品效合一

短视频可以依托直播、连麦等功能，促成用户与主播实时互动，具有较强的参与感。

将短视频与相应的营销活动进行有效连接，可实现品牌营销的品效合一，达成"要传播也要销量"的目的。比如"百万寻找战斗天使小米 9 手机"。

首先借势《阿丽塔：战斗天使》热映，由王源和雷军发起"百万寻找战斗天使"挑战赛，挑战赛形式为：添加话题#百万寻找战斗天使，上传自己的创意视频或与雷军、王源的视频进行合拍，然后邀请众多优质达人（搞笑和垂直类）参与示范，输出符合自身调性的独特创意内容，实现精准、高效投放。在优质达人的示范和引导下，用户纷纷上传视频，与此同时，分段输出达人的内容，不断吸引用户上传视频，将活动周期拉长，最终，用户们的花式合拍玩法大放异彩。

通过"百万寻找战斗天使小米 9 手机"活动，小米 9 手机的品牌知名度得到很好的传播，还实现了很好的销售。

还有某牙膏品牌的"#抖出你的净白范儿"。

首先在网上发起短视频拍摄活动："抖范儿的音乐配上抖范儿的步伐，不能忍受无趣的你，快来比比谁能创作出最具抖范儿的刷牙过程。记得露出你的招牌笑容，抖出你的净白范儿……"

紧接着邀请 14 位达人参与话题和短视频制作，最终实现了从"种草"到"拔草"的闭环运营。

屈臣氏"#2019 做自己美有道理"也是通过使用专属音乐和"态度宣言"贴纸，秀出全新的自己短视频活动形式，鼓励广大网友参与话题挑战赛，并同时赠送屈臣氏无门槛优惠券和一年份锦鲤大礼包，然后，通过神秘礼盒将线上流量引导到线下门店，再邀请意见领袖多 IP 联动覆盖，形成再次传播。最终超过 90%的用户走进了线下门店。

从以上三个短视频品效合一案例可以发现，短视频品效合一活动设计遵循的还是大道至简的原则。短视频主题要"好玩"，同时操作越简单越有利于提升用户参与度。在制定活动规则时，要秉承"没有一处细节可以被辜负"的原则，一旦某一个细节出了问题，很可能导致全盘皆输。

在这几个大原则的统领下，短视频品效合一的实现路径可总结为"一字诀"，分别是：一个主题；一帮领袖；一群迷妹；一款操作；一点激励；一波传播；一上一下；一溜细节；一心品牌。

"一个主题"是要找到一个与品牌联系非常紧密的主题；"一帮领袖"是找到与品牌传播比较贴合的意见领袖；"一群迷妹"是指热衷于此项活动并愿意主动传播的用户群；"一款操作"指操作流程简单；"一点激励"是通过物质奖励激发用户创作和转发热情；"一波传播"是对传播流程的把控；"一上一下"指线上和线下；"一溜细节"强调的是细节管控；"一心品牌"是指所有的操作都围绕品牌来做，不能跑偏。

如果"一字诀"能得到很好的落实，品效合一目标基本就能达成。

"要传播也要销量"是很多品牌梦寐以求的，一旦创意成功，可以起到非常好的传播效果。

劲酒是知名品牌，围绕"一字诀"，笔者曾经天马行空地为劲酒品牌想了个短视频品效合一案主题："张爱玲虽好，也不要……"——劲酒系列短视频营销活动。

意图发散思维，通过"神转折"的形式，让"张爱玲"和"劲酒"产生联系，打捞曾经风靡全国的"劲酒虽好，可不要贪杯哟!"这句广告词的价值。为此还特地在网上找了10句张爱玲的话。

1. 人生的所谓生趣，全在那些不相干的事。

2. 男人彻底懂得一个女人之后，是不会爱她的。

3. 如果情感和岁月也能被轻轻撕碎，扔到海中，那么，我愿意从此就在海底沉默。你的言语，我爱听，却不懂得，我的沉默，你愿见，却不明白。

4. 女人一旦爱上一个男人，如赐予女人的一杯毒酒，心甘情愿地以一种最美的姿势一饮而尽，一切的心都交了出去，生死度外！

5. 雨声潺潺，像是住在溪边，宁愿天天下雨，以为你是因为下雨不来。

6. 不管你的条件有多差，总会有一个人来爱你，不管你的条件有多好，也总有一个人不爱你。

7. 一个人学会了一样本事，总舍不得放着不用。

8. 言语究竟有没有用？久久地握着手就是较妥帖的安慰。因为，会说话的人很少，真正有话说的还要少。

9. 对于三十岁以后的女人来说，十年八年不过是指缝间的事，而对于年轻人而言，三年五年可以是一生一世。

10. 感情这东西很难处理的，不能往冰箱一搁，就可以保存若干时日，不会变质了。

稍加联想，是可以将张爱玲的这些句子与"劲酒虽好，也不要贪杯哟！"有机联系起来的。比如："一个人学会了一样本事，总舍不得放着不用"，就可以转到"劲酒的数字提取术"上来，成为"一个人学会了一样本事，总舍不得放着不用。劲酒劳神费力突破了数字提取术，放着不用才是真正的傻子"。

笔者还为劲酒品牌想了一个"得儿哟！"花样短视频挑战赛。

抖出你的方言范，抖出你的家乡美。劲酒邀你用短视频为家乡代言、加油，给生活加把劲。

和而不同，美美与共。抖出你的方言范，抖出你的家乡美。毛铺邀你用短视频为家乡代言。

得儿哟音乐：谁不说俺家乡好。

得儿哟长度："谁不说俺家乡好"音乐长度。

得儿哟表达：纯正家乡话，轻松诙谐、角度清奇。

得儿哟制作：活泼轻快，形式不限。

得儿哟接龙：家乡美，可别话到嘴边又咽下哟！欢迎接龙 PK，让家乡得儿哟依儿哟，美名传四方。

得儿哟组织：各地文化馆、文艺人士、网红、相关高校等。

得儿哟激励：劲酒邀你免费游黄石？

依儿哟评选：每周评、每月评，最终评出一二三等奖。

依儿哟时长：持续 3 个月。

得儿哟跟踪：活动进程的全方位立体化传播。

无论是"张爱玲"还是"得儿哟"，都涉嫌天马行空。

总之，随着人们对短视频品质要求的不断提升，必须做好娱乐属性和现场属性的坚守和开掘，做好基于这两个方法论上的创新。

三、短视频生态发展之问

短视频已经深度嵌入公众生活的每个角落，它不仅是传播信息的重要媒介，更塑造着共同的记忆，构筑起共通的情感空间。营造一个健康、清朗的行业生态，既是塑造主流舆论新格局的必需，也是满足公众对美好生活的向往、提升精神生活品质的必由之路。

短视频的崛起是顺应融合媒体时代而生，与很多新生事物一样，由于发展迅猛，短视频的生态问题也开始显性，需要引起重视。

一是低水平重复现象比较严重。

短视频制作门槛比较低，会不断冒出新的短视频创作者。由于很多创作者并没有短视频制作经验，短视频领域难免呈现良莠不齐和鱼龙混杂的现象，同时，创意克隆现象普遍存在。

由于门槛较低，而且还存在浅层次娱乐比例过重的问题，对于希望看到高品质短视频的用户来说，必须滑过很多"浅层次"娱乐短视频，才有可能找到自己喜欢和需要的短视频。出于用户运营、广告运营等考虑，不少平台方也不急于从这个运营模式中跳离出来。

二是一片繁荣会导致短视频创作者缺乏自我革命动力？

为留住短视频创作者，平台方在短视频品质把控和留住更多的创作者间会形成两难：审核放宽，整体品质难以提升；审核严格，不利于平台创作者队伍的培育。

然而短视频市场不能只是一味地迎合，短视频生态的修正和修复应该被提上议事日程。网民在成长，对短视频的品质要求也在不断提升，而修正和修复的机会稍纵即逝，需要好好把握。

继技术驱动、模式驱动之后，互联网平台最终拼的还是内容驱动。

王慧敏同志在"2020 中国网络媒体论坛"做了《网络媒体如何更好地承担责任和使命》的主题发言，对于短视频创作和发展极具指导意义，可以引领我们走到更高处，审视和思考短视频发展方向。

发言中，王慧敏指出，从"铅与火""光与电"到"数与网"，媒体传播方式几经变革，主体多元分散、渠道多样智能、传播多径迅捷的新格局已初步形成。这是一个"危"与"机"并存的时代：顺势而为，就能挺立于时代的潮头；错失良机，只能沦为业界的看客。

他表示，首先，要保持"沉下去"的定力。随着互联网的普及，阅读越来越便捷，海量的信息扑面而来，有人形容"量大管饱"。不过，也有受众认为，网上真正值得"咂摸"的东西并不是很多。

究其原因：一是追求"闹点"而忘了"重点"。不少媒体为吸引受众，恣意随"闹点"起舞。不过，"闹"过之后，又给受众留下了什么？作为媒体人，无论什么时候都不能忘记，在"三贴近"的契合点上做文章，才是重点。

二是追求"流量"而忘了"质量"。在传播分众化和媒介细分化的今天，网络媒体追求点击量本无可厚非。却不能因此成为新闻快餐的"拼接手"和"标题党"。失去了质量的新闻作品，不是易碎品又能是什么！

三是追求"速度"而忘了"深度"。片面追求速度带来的必然是"雨过地皮湿"。要写出"内行不觉浅、外行不觉深"的新闻，唯有脚上沾满泥土。

内容是王道——这是新闻行业里颠扑不灭的真理！为博取眼球而失真失向，笔头必然失准失范，带给受众的只能是失信失望。

他强调，要想赢得读者，就必须在打造"信"字上下工夫，以精对新、以深对浅、以准对快、以稳对变。实践告诉我们，只要做到了"精""深""准""稳"，媒体的信誉自然会来。

第二，要提升"融进去"的功力。打造新型传播平台，扩大主流价值影响力版图，是网络媒体义不容辞的责任。一是用主流价值驾驭先进技术。在"算法时代"，不少平台片面迎合受众喜好，过于注重受众想看什么，而不注重社会导向功能，久而久之，受众身上的"正能量"就难免褪色、掉色。无论什么时候我们都应切记：传媒的技术形态可以变，而引导人、教育人的职责不能变。

二是用更好的服务凝聚受众。"人找信息"的时代已成过去，"信息找人"的时代已经到来。媒体功能已经不只是提供信息，而是成为一个集信息传播、社交网络、政务服务等功能于一体的"全服务平台"。只有用服务"黏"住用户，才能将主动权牢牢掌握在自己手中。

第三，要夯实"走出去"的实力。中国已日益走近世界舞台中央。全世界，都在聚焦中国。以网为媒，连接中外，成为网络媒体在新形势下的一大任务。眼下的中国，并不缺乏搭建国际化网络平台的技术和能力，但是，在真正讲好中国故事方面，我们还有相当大的差距，"有理说不出、说了传不开"的局面并没有从根本上改变。深刻把握外宣规律，切实提升国际传播竞争力，我们还有很长的路要走！

总书记提出的"扩大地域覆盖面、人群覆盖面、内容覆盖面"，无论过去、现在，还是将来，都是我们努力的方向！

"世上有两种力量：利剑和思想；从长而论，利剑总是败在思想手下。"——拿破仑。

这篇发言中提出的追求"闹点"而忘了"重点"，追求"数量"而忘了"质量"，追求"速度"而忘了"深度"，也是当前短视频生态发展中的问题。围绕"信"字的"以精对新、以深对浅、以准对快、以稳对变"，虽然落脚的是媒体信誉方面，也为短视频未来发展开了一剂良方。

"以精对新"：在短视频领域应该多生产一些精品力作，而不是一味求新，求量，而不重视质。表面热闹非凡掩盖不了内在的空洞，此时的"以精对新"，是定力，更是远见。

"以深对浅"：要生产出一些有深度的短视频作品，来对冲当前的"浅层次"消费。当人们消费了很多浅层次的信息时，对内容的深度一定是有追求的。如果只是满足于"量大管饱"，粗放经营，就无法拥有发展所需要的品牌价值。

"以准对快"：短视频平台或多或少存在信息传递"粗制滥造"的情况，一旦平台输出的信息不准，平台的信用也会不断减分。在众多"不准"中去追求"准"，可以帮助你从众多平台中脱颖而出，赢得未来。

"以稳对变"：这世界确实变化快，为了赢得所谓的流量和满足眼前一时之需，各个平台会变着法地在运营上做文章，任凭内容低水平重复，赚了一时的快钱，却严重缺乏发展后劲。

"以稳对变"就是不要被眼前的"热闹"迷了双眼，得坚持生产和输出有价值的内容，练好内功，以不变应万变，才能久久为功。

真传一句话，假传万卷书。

短视频创作做到这"四点"，就可以任凭风浪起，经得起时间的考验，而不是各领风骚几年，转眼被后浪拍死在沙滩上。

几帧从前

晚风中闪过几帧从前，是这本书的来路，有回望的价值。

离开报社

2017-05-12

在同事的办公室，借了笔和 A4 白纸，写上"####编委会，我申请辞职，请批准"几个字。就这样，离开了供职 15 年的报社。原本想在辞职报告上写上"生无可恋"，最终却没有跟着内心走。

几年前，在报社办公室的时候，接到过很多辞职报告，写的都是些"因为个人原因等要辞职"，满纸都是些正确的废话，见得多了，知道想走也留不住，扫一眼就盖章签字。心里还在想，这些昔日老同事们比我矫情，临走了，似都还不记得"文章不写一句空"，也是够有意思的。每每接过那些塞满假意的辞职报告，总会看着眼前的报纸发会儿呆，想起曾经在总编室的那段时光。

在总编室的那些日子，每天看着一些注水的报道充斥版面时，总会一声叹息，偶尔还会生气，就是现在，再看报纸时，依然会心里嘀咕："这标题空洞得……""这消息写得怎么那么啰嗦""现在的很多年轻记者缺乏专业素养"等。按道理，看得久了，应该会麻木一些，但，一直到现在，心中还会有一种兔死狐悲之感。

当记者的文字成了正确的废话，当假意在编辑部成为一种常态时，是很难奢望这些哥们写出的报道里会有多少诚意，当没有诚意的报道充斥版面时，报纸的分量就自然轻贱了。

记得前两年，有个擅长写注水"重点报道"的记者似乎突然改变了命运似的，在很多记者都无法完成发稿任务的时候，把通讯员的稿子（以往顶多发个消息）大量注水，就可以编发出一个整版，挣一个整版的分数，活得不知道有多光鲜，而在更早的一些年，在追求报道质量的时候，这位仁兄可以说是完全没有市场，每天愤愤不平，由此还喜欢上了麻将。

前段时间，在微信朋友圈看过一篇文字，讲的是昔日报纸深度报道记者的事，扫完后，发觉几乎满篇一地鸡毛的叹息，虽然有很多有关情怀和理想的字，看来看去，感觉顶多属于自娱自乐，或者叫自我开解。印象中，这篇文字只是停留在个体层面的自我解读，对深度报道的退出背景挖掘得不深，思考得也不是很深。

报纸的没落，其实是可以看到规律的。

很多人将报纸的衰败归结于互联网的冲击，我还是想讲那句话：报人、报纸的坟墓是自己挖的，怪不得别人。也就在两三个月前，一家报社办的一个新闻客户端推出了一个活动的 H5 宣传广告。我看了后只说了一句话："连一个外面的小广告公司的水平都不如。"单从这一点看，如果此时，还将自己的命运怪在互联网头上，只能说堕落得有点不自知。

报纸不断走向衰落，这些年，从报社里出走的人一个接着一个，刚开始，每天还饶有兴致地掰着指头数，数着数着，到后来，就提不起精神头了，最多就是听说某某某离开报社后答一个"呵"字。

从报社离开的人中，最初被热聊的是"精英"们的出走。看着网络上那些出走人员名单大数据以及对大数据的解读，我个人的态度是，理解！但感觉"解读"有矫情之嫌。

对第一批"精英"的离开给一个属于我的定义，大体可以说是"出逃"，并不像解读中所说的，是因为想实现理想和情怀离开。在我看来，传统媒体发展那么多年，过惯了好日子的传统媒体，消磨最为严重的就是理想和情怀，留下的遗产多是衙门作风或者叫衙门做派。

为什么又说是可以理解？因为，这批出走的"精英"尚未为传统媒体找到破题的办法，只好另攀高枝，在另一个较容易的区域为自己打拼，毕竟那样可以搭上实现自身价值的顺风车，薪酬也比正处颓势的传统媒体高得多得多。

奔自己的前程，实现个人的价值，没有错，却要打着情怀和理想的幌子来为自己的"出逃"说事，就有点矫情了。临了了，做一个真诚的新闻人，面子和里子其实就都能顾到，没必要给自己贴上理想和情怀的标签。当然，出走的人不见得都是不负责任的人，因为，他们即使有想法，不见得就有办法，在现有传统媒体的体制和机制下，他们也是难得凭借一己之力，在互联网这个全新时代，让情怀和理想落地。

从报社离开的第二批人多半是有点能力的人。这批人不是领导，也不是最底层的员工。他们中很多人是业务骨干，这批人离开是真正地为了生活而离开，关键是，他们是一群有能力离开的人。

随着他们一个又一个离开，报社那么多年培养出来的人才底子就慢慢地流失掉了。从某种意义上说，他们一个个地离开，报社的挽歌才真正地唱了起来。

对于他们的离开，虽然很遗憾，但不能怪他们。因为他们都不在领导岗位上，不在其位，让他们谋其政，也算是扯淡。

从报社离开的第二批人中还有这样一部分人（多半是广告人），他们中的有些人早已经把报社资源转换成了个人资源。这批人走的时候，留下的都是人们背后的嘀咕，给还在报社趴着的人感觉是羡慕嫉妒恨，但是，没办法！谁让你们不如他们这批人聪明和识时务呢？

说心里话，我还是比较佩服这批人的，他们懂得顺应时代，帮公家干事的时候，最大程度钻了规章制度的空，利用公家资源壮大了自己，最令人"艳羡"的是，他们中的有些人还有能力为自己订制一些所谓的政策，堂而皇之地往自己的口袋里装钱。如果非得用一个词来形容他们的话，还只能用"聪明"这个中性词来形容了，原因是，褒也不好褒，贬也找不到可以贬的理由。说实话，他们为自己赚到的那些钱，付出的心血和汗水肯定是不少的，费了很多的心力。比如，要巴结领导，在领导面前装孙子，精心维护自己的利益圈……而这些活儿是那些只顾埋头干事的人无论如何都做不到的。

据我观察，只顾埋头干事的人可能天天也会跟自己对话，也想学着这些人的样子，跟领导搞好关系，让领导了解你，懂得你，跟领导多亲近，然而，临门一脚就如曾经的国足一样，自废武功，最终，怎么样都无法去亲近领导，更谈不上在领导面前卑躬屈膝了。

卑躬屈膝是一段时间以来职场常见的一个现象。有位知名人士在评价电视剧《人民的名义》时就说过，剧中很多场景是不符合现实的。意思是说，一个反贪局长是不可能在省委书记、市委书记这样的大领导面前挺直腰杆的，相反应该是毕恭毕敬，甚至卑躬屈膝，说的就是那时的一道很独特的风景。

既然不能做到在领导面前卑躬屈膝，就很难做到亲近领导的那些事，领导也很难了解你或者说懂得你了。然而，沟通就是生产力，谁让你的沟通有点逆时代？最终，做事的时候找到你，提拔的时候就只能靠边站了。

更悲哀的是，假如有一天你想为自己争取哪怕是一丁点公平的时候，突然发现，自己好孤单，你面对的不是一个不了解你的人，而是一帮人，也就是常说的小利益集团。

双拳难敌四手，羞愧而退，回家郁闷去吧。

从报社离开的第三批人，是因为报社要主动减负，也就是减人增效，用 HR 专业术语讲，就是解聘。

一个个地做工作，一个个地谈价钱。被解聘的这批人，很多人会跟报社有激烈的交锋，有不满，有懊恼，甚至撂下狠话，当然也有主动想被解聘的。结果，令他们没想到的是，相对于后来想被解聘的人来说，他们真是幸福死了，毕竟他们还带走了一些钱，单位还为他们缴纳两年的保险，而紧接着想离开报社的人只有被开除和自动辞职两条道，赤裸裸地走，一分钱都带不走。

我就是那种赤裸裸地走，一分钱都没带走的主。

不想等报社开除，心里也想，15 年来没有给报社添一点负担，临了成为一个钉子户，也不是我的性格，唯一觉得有点失落的是，自己马上到了知天命之年，突然失去赖以生存的工作，如果能够赶上"被解聘"，心理上会稍平衡些。

即使想赶上"被解聘"也是无法被解聘的。那时，在办公室，我要制订解聘制度，还要负责一些有关解聘的日常工作，不具备被解聘的资格。

人生往往有时就那么荒诞，负责解聘他人的我，两年多光景就成为通知要你辞职的主。

辞职后才听说，这次被通知辞职的人不止我一个，真心不知道其他同事会怎么处理这件事。跟单位打官司？估计耗不起，主动辞职，甘心？

写着写着，突然感觉"离开报社"这部剧有矛盾、有冲突，有鲜明的时代特色，也有其荒诞性，只是依我的能力，无法为荒诞两个字找到注脚，也懒得找。

叹一声"不够聪明"，将自己列入"猪一样的队友"，跟自己说一声"存在就是合理"，自己为自己摆渡，毕竟这样的经历也算得上是人生宝贵的财富。

不过，人生还是得朝前看，光看脚跟前就显得狭隘了。一些朋友在跟我谈论被辞职一事时，说要摆一桌，庆祝一下我的新生。虽然也知道这些话是在宽慰我，但却是能够摆上桌面上的道理。

我试着接受朋友们的鼓励，谈得更多的却是"摆渡"，自己要做自己的摆渡人。另外，我讲了一句大家听了后都比较认同的话，那就是"我们的摆渡人是当今的中国"。

这是我由衷的心里话。新的一届党中央高举反腐败旗帜后，旧式官员不断落马、主体责任铿锵有力、为官不为噤若寒蝉……同时，每天新闻里似乎都在刷新"破旧立新"，也就是打破旧秩序，建立新秩序的消息，令人振奋，让人深刻地感受到，我们的国家和民族正在朝着一个正确的方向澎湃向前，也为每一个个体注入新动力。

在那个"卑躬屈膝"的时代，很多想干事的人无所作为，新秩序建立后，心敞亮了，埋头干事人的春天不就到了吗？相信很多真心干事、能干实事的人一定能够找到实现重生的路径，实现自己的理想和价值。

对于我这个个体来说，这是一个最坏的时代，也会是一个最好的时代。

就那么简单！

草台班子群魔乱舞

2018-06-21

理论上的天花乱坠不如一个形象的比喻来得通俗易懂。

固执地认为，新媒体宣传推广和媒婆做媒没两样，都有一个"媒"字，注定有很多相通之处。

悟透了媒婆的逻辑和路径，新媒体推广其实就没什么玄妙的。

现如今，新媒体的一些玩法和变现手段花样百出。很多玩法的背后有一只技术之手，令拼凑出的内容狂吃点击率，狰狞变现，而很多好内容因不懂玩法，可能就被黑压压的内容苍蝇群所淹没，难见天日。

于是，新媒体江湖中，有些传统媒体人抱残守缺，难以突破，那些缺乏基本常识的草台班子群魔乱舞，疯狂吸金，搅得新媒体江湖一片狼藉。

当劣币驱逐良币，玩法玩死内容时，"媒婆"一声叹息。

天空飘来一行字：不如老娘专业，也好意思在新媒体江湖上混？

细思极恐之余，浑身鸡皮疙瘩。

一、患上臆想症的点击率

与植入性广告宣传有得一比的还有充斥于新媒体推广标题中的拐弯抹角、故弄玄虚、移花接木、哗众取宠、耸人听闻、正话反说、文题不符、公开说假、夹带私货、胡说八道、无病呻吟和夸大其词等套路。不可否认，这些旁门左道套路也为很多新媒体赢得了一些所谓的点击率，稍有常识的人都应该知道，这样的点击率存在多少的虚妄？

有些点击率犹如推开门后猛然发现是一堆垃圾，恶心到自己后，迅速X掉。更令人沮丧的是，在片面追求点击率方面，新媒体推广涉嫌集体无意识，点击率是否有实效就如"我死后管他洪水滔天！"

更遗憾的是，很多手机客户端开始"有点击率便是娘"，无论什么样粗制滥造的文章，随便取一个标题，就敢往上推送。比如，点开一个美女性感图像的视频，里面一个美女都没有。

刚开始觉得还有点无厘头，然而，套路用滥了后，最终就是遭人讪笑，直至唾弃。难道这就是你们要的效果吗？"狼来了"的故事需要我们一讲再讲？低俗套路的恣意滥用难道就是打开门让人们看到你的虚弱？更有甚者，点击率造假已经开始堂而皇之地成了一门营生。

客户端上飘着的垃圾文字，已经在开始挑战人们的心理底线，对那些被技术捆绑的客户端推送就有了厌恶，是否取关提上议事日程。

标题上的花样翻新，手段用尽，把低俗当通俗，逻辑很简单，就是捆绑人们的好奇心，达到被点开的目的，点开后是开卷有益还是自毁形象，点击率至上的人才不会去考虑。

从这点来看，当前很多新媒体似乎有点顾头不顾腚，患上了点击率臆想症，涉嫌把技巧当专业，把小聪明当大智慧。没有什么技术含量的套路，最终的结果就是贻笑大方。赢了一堆无效点击率，丢了形象，是不是饮鸩止渴，用脚去想都能明白的吧。

就如一个房地产产品本身不错，却为了赢得点击率而取一个媚俗的标题，结果是不是相反拉低了产品的档次和形象？留下一个"这群人能够生产出什么样的产品"的诘问？

二、玩法的不耻和拥趸

既然旁门左道的玩法或者套路无法达成真正有效的宣传推广，还涉嫌劳民伤财和饮鸩止渴时，新媒体宣传推广的正途在哪？

传统媒体出来的人心里明镜似的，新媒体再怎么闹腾，终究会回到内容为王。大多传统媒体出来的人，虽然知道有"玩法"，但对玩法很是抵触，最终，在新媒体江湖一头雾水，自己好不容易生产的内容最后胎死腹中。而那些没有能力生产内容的草台班子，将玩法视为法宝，俗字当头，玩尽玩法，玩弄受众，即使点开也马上被叉掉，犹如刚进门就极尽浮夸表演的媒婆一样被扫地出门，给新媒体江湖留下一地鸡毛。

传统意义上的媒婆，都以成就一段好姻缘为己任，上门前，多半会费心了解双方的基本情况，看是否门当户对，用现在比较时髦的话来说，要做一些大数据分析，给双方的关系做一个定位，然后，把自己收拾妥帖，带着一颗真诚的心，很有仪式感的隆重上门。

草台班子是不明白这些道理的，打开电脑就开始玩"玩法"，因为，他们不懂媒体最基本的操作规律，只好靠"玩"。

草台班子就如那些只想混点媒婆费的媒婆一样，上门后，转弯抹角、吞吞吐吐、夸大其词、故弄玄虚、移花接木、哗众取宠、耸人听闻、信口雌黄、正话反说、文题不符，极尽之能事，结果可能就是被骂一声"你个挨千刀的死媒婆"，被撵出门去。令人"蓝瘦香菇"的是，往往此时的甲方也是猪脑子一个，还认为这个媒婆辛苦了，为自己赢得了点击率。

真正好的具有专业精神的媒婆，绝不把拐弯抹角当成曲径通幽，也不会认为故弄玄虚是引人入胜……天花乱坠不是绘声绘色；移花接木就是包藏祸心；骇人听闻不是耸人听闻；胡说八道不是幽默风趣；离题万里就是心怀鬼胎；信口雌黄就是图谋不轨；夹带私货就是一己之私；夸大其词就是卖弄风骚；哗众取宠就会自取其辱……

都说好看的皮囊千篇一律，有趣的灵魂万里挑一。当前，草台班子的低劣玩法就如千篇一律好看的皮囊，看上去光鲜亮丽却独缺灵魂，草包一个。指望没有灵魂的推广，把自己的产品给营销出去，不仅不能，还会拉低产品形象，给自己挖坑，把产品砸在自己手中。

手段低劣的玩法背后多多少少让人看到草台班子在新媒体宣传推广上的浮躁和不自信，而很多传统媒体人，因为过往的经验附着在身上太久，对新事物的消化吸收有一个过程，难以突破，于是，玩法便大行其道，将新媒体江湖搅得乌烟瘴气。

吹尽黄沙始到金，新媒体江湖急需洗牌。

三、玩转玩法的"我要静静"

网络中，有关"中年"的话题热度一直不减，其中有一句很流行的话叫，"四十岁之前拿命挣钱，四十岁之后拿钱保命"。而我们新媒体的有些玩法就如拿命挣钱。

当依靠低劣的玩法赚得点击率时，犹如在四十岁之前透支了你的身体和信用，猛回头发现，依靠透支玩法，粗制滥造，赚到了一些银子，却掏空了你的身体和人设，四十岁以后，想要修复可能要大费周章还不得法，就如，先污染后治理，投入的人力和物力不成正比。

点开就叉掉，直至取关，仿佛预示着一些玩法如不作死就不会死一样，直至玩死自己和平台。

"玩法"只是被一些草台班子给玩坏了而已，真正的玩法是很有道理的，尤其是大数据分析值得我们好好玩味一下，掌握好大数据分析，找到不同时期人们的诉求热点，就可以顺势而为，为内容插上腾飞的翅膀。

新媒体"玩法"是把双刃剑，注定要求我们有所为和有所不为。

有所不为，指的是完全被"玩法"绑架，一味地依靠"玩法"，热脸贴冷屁股式地瞎蹭热点，肆意拼凑内容，玩弄受众，获得虚妄的点击率，而透支自己的信用指数；有所为，指的是基于互联网传播特点，以"内容为王"为基础，以大数据分析做支撑，最大限度地开掘内容这座富矿，让自己的内容更具含金量。同时，表达方式更加轻盈、活泼，通俗易懂，喜闻乐见，接地气，使得内容更具普适性。

为不至于被玩法带偏，从传统媒体出来的人此时该告诉自己一声"我要静静"，让自己保持战略耐性的同时，提速对新媒体的认知。

时代越急功近利　文字越要诚实

——从推文的创作说起

(代本月读书笔记)

最近个把月时间，我主要在创作"劲酒品质报告"，题目初步定为《本草苦旅——劲牌 久久为功一杯酒》，然后就是写了四篇有关韵酒的推文和采访创作"品质人物故事"。

一直在写，写的过程也是个思考的过程。今天跟大家分享的就是在写作的过程中我的一些碎片化的思考。

分享不能天马行空，就想了一个主题：时代越急功近利，文字越要诚实。

很多人说这个时代很是急功近利，有那么点意思，与急功近利相对的是大家开始关注"初心"这个词。

"初心"刚开始"热"起来的时候，我也只是理解为在某一个领域、某一项工作上要不忘初心，渐渐地，我不这么理解了，而是把"不忘初心"放到了历史的纵断面上去看。

结论是，无论做什么都要"回到初心"。下面从几个关键词出发，就推文创作跟大家做一个分享。

1. 鸡汤文

大家都知道，鸡汤文曾经润泽了心灵。当人们面对现实无法求解时，鸡汤文让人们开始关注自己的内心，期望通过内心世界的丰盈，消解在现实世界面前的无力。

然而，渐渐地，人们发现，鸡汤文只是镇痛剂，药效过了后，还得面对真实而又有疼痛感的世界，慢慢地，鸡汤文开始失效，也逐渐被人们丢到了一边。

鸡汤文失宠最明显的标志是，当人们看到网上发来类似鸡汤文的标题时，已经懒得点开了，也导致那些鸡汤文式的推文一下子就式微了，没了市场，甚至成了无病呻吟的代名词。

然而，对于我们这些搞内容生产的人来说，还有很多人抱着鸡汤文不放。大家想想我们搞的那些活动营销，最终呈现的是不是还是些没人愿意点开的鸡汤文？虽然所谓的大号看上去有很多点击率，但是这些点击率对产品的推广能够起到多大作用？而且，有些鸡汤文还是拼凑出来的，甚至文理不通，这不能不说是一件令人汗颜的事。这些没有质量的推文推到人们眼前后，对品牌有着极大的杀伤力，是对品牌的一种隐形伤害。

更让人着急的是，大家似乎已经习惯了写鸡汤文，其他文体已经不会写了。而事实上，是新闻传播的效果好，还是鸡汤文传播的效果好？

答案是肯定的。硬新闻或者叫有干货的信息传播效果要好得多。这就给我们提出了严峻的拷问。作为内容生产者来说，我们是否该回到初心，放弃华而不实的鸡汤文？

2. 开卷有益

写推文需遵循一个原则：开卷有益。

这个原则很重要，也很管用。

在新媒体运营中，写得好的广告推文有很多。我稍微总结了一下，凡是写得好的广告软文都遵循了"开卷有益"。表现形式是，推荐一个产品时先把产品放到一个特定的场景和一个特定的诉求中，就是从背景入手、从故事入手……而不是直接说我们的产品有多好。

这样写首先可以规避"急功近利"的叉掉。在信息泛滥的今天，谁都不想让那些无用的信息占用自己宝贵的时间。一看标题就知道是套路，谁还会去浪费自己的时间？事实上，这样的套路标题依然充斥着内容生产。

广告软文到底该怎么写？我认为应该遵循下面这句话：从用户痛点出发，坚决做到开卷有益。

因为是分享，就不跟大家瞎扯那些所谓的理论，而是具体说说我写的那篇《混血儿》，这篇推文是怎么来的？

我在想，既然韵酒来自澳洲葡萄酒基因，然后加了本草，混在一起就像是个"混血儿"，就联想到很多"混血儿"美女和模特，于是上网去查"混血儿"，了解到"混血儿"的相关知识。如果不上网查，还真不知道中国最著名的混血儿有哪些人，心想，我不知道这方面的知识，估计也会有人不知道。如果把这些信息给融进去，不就可以做到"开卷有益"吗？

标题也好，内文也好，如果都能够做到开卷有益，大家就不会厌烦。然后，这些背景材料让人们对你的文字有了好感后，对你推荐的产品会不会自然有好感？关键是，逻辑是通的啊！从混血儿的美到混血儿韵酒的美，大家是否会形成一个好的印象？当然，前提是，你的文字是诚实的。

我经常被那些写得好的广告推文折服，从不网购的我，居然因为一篇推文网购了一个产品。

3. 故事

上面谈的是"开卷有益"，下面简要说说故事化表达。

故事化表达是让你的推介真正能够走进人们内心，是拉近你我距离的有效方法。是人都爱听故事，做营销的人应该是讲故事的高手。

上周五，我去采访了数字提取的负责人，他跟我讲了"数字提取"是个什么东西。按惯例，这篇推文可以直接讲数字提取是如何提升劲酒品质的，然而我没有直接讲"数字提取"是如何如何好，因为，我知道，这样的东西不会被点开。

最终，我戏谑般写了个"四不像"。写开发者是如何的腼腆，一个腼腆的人怎么就生了二胎，他是如何看待生活和产品品质的，在"品质"过程中，他是如何跟人和产品打交道的。说他在品质工作中的疑惑，说一个腼腆的人的成功之道等，把数字提取的好放在文内，自然地生成出来。

开头就说他到了 42 岁见了陌生人还脸红，从他的脸红开始故事的铺陈，然后写他在做数字提取时见陌生人脸红导致了哪些尴尬，说他面对重重压力时的"脸红"等，自然引出董事长说的"好而不同"。

这个故事是真实的，主人公对待数字提取工程是真诚而诚实的。这样推介的数字提取会不会让大家觉得真实可信？会不会从劲酒的数字提取这个里程碑事件中感到了劲酒品质的提升？

标题还没想好，文字可能还要改个几遍。

4. 形容词

做广告也好，做宣传也好，做推销也好，要尽量摒弃形容词。

形容词尽量不要用或者少用为好，不信大家去读鲁迅、莫言、张爱玲、朱自清、老舍等这些大家的文字和诗词，看他们的文字中有几个是形容词。"七八个星天外，两三点雨山前，旧时茅店社林边，路转溪头忽见。"有几个形容词？

我是不怎么用形容词的，每次写完后，都有一项非做不可的工作，就是最大限度地删除那些看上去很华美的形容词，就讲大白话。

当然，用好用活形容词就另当别论了。

顺便说一句，我认为好的广告词应该是记得住的，这个论断应该不会错到哪里去，今天就不展开讲，因为不是今天要讲的主题。

再啰嗦两句。推介产品其实跟做媒婆没啥区别。如果媒婆一进门就眉飞色舞，把推介对象形容得天花乱坠，你肯定会打一个大大的问号，对于所推介的内容也会有一种逆反心理。

总的说来，诚实的文字在当代来说显得更重要，因为充斥网络的有太多不诚实的文字，这，也不是危言耸听。

2018 年 11 月 4 日

传统媒体人到底错在哪?

2020-08-23

开栏语(一)

严格意义上来说,我只能说是一个前媒体人,毕竟在传统媒体混了近30年,说"我们传统媒体人"应该属于个人情感所致,虽然传统媒体给我留下的是一地鸡毛——中年下岗。

写《我们传统媒体人到底错在哪?》,是因突然有一天赶鸭子上架,要为学生讲一门"融合媒体运营"课。

我没有胆量接这门课,要不是为了火烧眉毛的生活,才不会让自己落入被逼到墙角的窘境。

没想到的是,这门课备得自我感觉还行,逼得我不断告诫自己"别不知自己到底有几斤几两重"。

更让自己莫名其妙的是,吭哧吭哧备完这门课,居然感觉还有话想讲。

备课的过程是边翻书、查资料,边像挤牙膏一样从大脑里掏内存。有时,敲字如滔滔江水绵绵不绝,从椅子起身时,老腰隐隐发胀,发出强烈的腰椎间盘突出信号;有时,敲字如江河呜咽,停滞不前,上厕所、打水喝、摔书……怀疑人生。

不断的兴奋与挫败中,脑子里时常会冒出一位前总编辑对我说过的一句话:老山啊,这么多年,在报社干的部门太多了,没有哪一行很专,以后怎么办啊！然后，似是打圆场地说：干的工作杂也应该有他的好处吧。

总编辑就是会说话，放到今天，一语成谶：杂真的有杂的好处。

边备课边在心中嘀咕：幸好，在报社，编采、广告、发行这三驾马车我都曾全身心地去"混"过不短的日子，算是蹚过媒体运营这条河。

今天，要为学生备课，看了一些书不说，还有了相对集中的时间去思考，突然就有了种被打通任督二脉的感觉，也催生了两个感慨：一是，干新媒体，传统媒体人要自信。别看很多新媒体运营方法被有些人说得那么玄乎，其实，都是从传统媒体演变而来，都是媒体不是？二是，传统媒体人有时觉得新媒体难搞，一个很重要的原因是很多传统媒体人多少有点偏科。如果编采、广告、发行三样都干过，再肯花点时间去学点新媒体常识，再有点实战经验，就很有那么点意思了。

从运营的角度讲，干过广告和发行的编采人生产出来的内容应该更能满足用户。

这也是我竟然敢给传统媒体同行写点心得的一个原因。

"我们传统媒体人到底错在哪?"是脱口而出的。

我混过新媒体，恰恰是混过，才用了这个"错"字。

这个标题是否既传统媒体又新媒体？

一个前媒体人的"傲慢和偏见"

温馨提示

上前一小步　文明一大步

谢谢合作!

温馨提示

帅帅哒欧巴们：

看得清这排字？近点，再近一点！

准不准，是技术问题，也是人品问题哟！

让我们向前一小步，文明一大步！

哪个文案的转化率高？

1. 夹生半吊子

对新媒体未知的恐惧，藏在如我之流的传统媒体人最隐私的角落，轻易不示人。

很多如我这样年龄人的人生，事实性地已被新媒体时代强力切割成了上下半场。

一方面感叹人生无常，另一方面无法坐等天亮，负面情绪是有的。

火烧眉毛的生活容不得你有半点喘息的时间，很多个前媒体人，无论年龄多大，被逼自谋生路时，多半还是被裹进新媒体中去。

前媒体人混新媒体，混得好的凤毛麟角，大多如我，试着下了水，如何乘风破浪心里一点底都没有，但还得"盼望着、盼望着，春天来了"。

被生活推着走，叹气的叹气、吐槽的吐槽……有人如无头苍蝇，有人如脚踩西瓜皮……当然，也有人混得很是那么回事。

如果非得用一个词给如我这样的前媒体人混新媒体的来画像，我选"夹生半吊子"（武汉话）——你说不懂吧，他们又似乎懂很多，你说懂吧，对新媒体却是想说爱你不容易。

2. 我的轻慢

给"夹生半吊子"一个注解，我会用到"轻慢"和"傲慢"两个词。

之所以是"轻慢"，是看了些新媒体运营的"圣经"，并结合自己的几年新媒体经历，猛回头想到的：传统媒体人多多少少还是有些不自知的成分。

从报社"滚"出来后，心血来潮办一个公众号，居然连公众号定位都不去弄，最终硬生生地将公众号整成了个人文档。

难道在传统媒体干那么多年，媒体定位这一常识都不知？得找个地缝钻进去。

这些年，也为几个甲方写过好多新媒体推文。

现在回想这些经历，没有半点"苍苍横翠微"的意思，拿我现在的眼光看，很多只能是姿色平平，偶有亮点，不过，自以为比那些草台班子弄的要强很多，这也无须妄自菲薄。

回头看，每篇推文都很有点新媒体的样子，但无论是标题、导语、背景、结尾，还是角度、态度、深度、温度，值得商榷和再进一步的地方有很多。

而在当时，每次写完，虽然时刻提醒不能"总是自己的孩子俊"，但都认为是可以拿得出手的。

这，应该归结于我对新媒体的轻慢和个人能力问题。

其实，无论是传统媒体人还是新媒体人，在新媒体面前都是小学生。

然而，如我之流的很多传统媒体人很难承认自己早已被打回了小学生行列，不会正经八百地放下身段，从零开始学。而是有点"驾轻就熟"般地扑进新媒体，在心里还给自己一个比较好的期望值。

这种状态弄新媒体，就可能煮出一锅又一锅夹生饭。就如开车，对新赛道不熟悉，会熄火甚至翻车。

为这几年的轻慢，我是真的要打脸三百下，但也不能否认这段经历是一笔很大的财富。

3. 我的"傲慢"

将"傲慢"二字打上引号，是因为在新媒体面前，传统媒体人很少会傲慢，相反，如我之流会像个小脚媳妇，不自惭形秽、顾影自怜就不错，一不小心还会怀疑人生。

然而，传统媒体多年的历练和四年的正宗新闻专业学习，不可能一朝归零，传统媒体人是有傲娇的资本的，这也是我翻了新媒体"圣经"，醍醐灌顶后的最大感受。

记得当时，跟一个小朋友微信聊天，很是率性和不加组织地敲出了下面这些字。

1. 看了几本新媒体运营"圣经"后，发现新媒体真的不像有些人说得那么玄。

2. 传统媒体人转战新媒体难的原因是，没真正认真玩过，且很少坚持，再就是新媒体形态更新太快令人无暇顾及，产生畏怯心理等。真正经过传统媒体历练的人，一旦全身心进入新媒体，虚心向学，投入足够的时间成本，未来不是梦。

3. 传统媒体转型难无外乎三个方面原因：

一是体制和机制设计没有很快跟上新媒体的节奏。

二是解放思想要有思想，很多传统媒体掌舵人会打着政治正确的幌子来为自己的无能开脱。

三是乱炒菜，在转型过程中，为自己挖了太多坑，后来人有心杀贼无力回天。传闻某某卫视欠债130个亿。

当然，不是所有的传统媒体转型都是失败的。上报集团、湖南卫视……还是很牛的，这也导致有些传统媒体"伤心总是难免的"。比如，疫情的各种报道，用户也好、观众也好、读者也好，会被外埠媒体的内容一次次感动，"快乐大本营"的医护人员专场、"非诚勿扰"的援鄂护士相亲……看得我老泪流了不知道多少回。这其实就是所谓品牌的力量。

4. 年轻一代做新媒体运营看似有其得天独厚的优势，但是，欠缺媒体历练是阻碍他们发展的一大命门，太嫩！正宗的新闻专业学习和多年的媒体实践，不是年轻、脑子好使就一朝能得其精髓的。

结论："后浪"兴风作浪，"前浪"也不只有潮打空城寂寞回。乘风破浪新媒体，其实，无需分什么"前浪"和"后浪"。

新媒体人： 怎么觉着传统媒体人很傲慢？

2020-08-28

"连载二"推出后一位朋友微信我：为何新媒体人会认为传统媒体人很傲慢？

这，我还是头一次听说。

想了想，估计是传统媒体人有媒体历练，在内容创作上，比一些新媒体年轻人的功底相对来说更扎实一些，尤其是文字能力（非一日之功）。

同时，传统媒体人还会认为有些新媒体人只会玩套路，喜欢哗众取宠而瞧不上；新媒体人则会认为一些传统媒体人老套，对新媒体知识和常识等一知半解而很不服气。

一个"套路"，一个"老套"，便互相瞧不上。

其实，新旧媒体运营是和而不同。新旧媒体的和而不同说起来一箩筐，今天，单说"不同"，再跟大家分享一个典型案例。

先尝试从新媒体工具箱中拿三个概念，从新媒体运营小白的角度跟大家说道说道：蹦失率、UGC、即时互动。

1. 蹦失率背后的玄机

何为蹦失率？拿注册流程为例。你没有完成整个注册流程，就在其中的某个节点离开或者叫"走丢"了，这就是所谓的蹦失。

蹦失率有玄机。首先，网上操作的每个步骤都有监控。比如，点开了马上关闭，这个过程会记录在案。如此说来，点击率中有多少无效点击，后台是门儿清的。其次，全流程监控会留下无数数据，可以带来用户画像。

2. UGC 模式风生水起

UGC 是指用户创造内容，换个说法叫"用户创造价值"，知乎、抖音等就是 UGC 模式。互联网的另一种内容生产模式是 PGC。PGC 是指专业生产内容，传统媒体就是。因传统媒体时代的读者很难参与内容生产，就无法催生 UGC 模式。

在"用户创造价值"方面，传统媒体人没有固有经验，新媒体则做得风生水起，感叹一句世易时移就行了。

3. "即时互动"的"懒得动"

传统媒体是很难即时互动的。我认为用好新媒体的即时互动最重要的是真正懂得读者意识和用户意识的不同，两个"意识"，字面上比较好理解，实操中，很多人往往会陷入"懂了那么多道理，却过不好这一生"的怪圈。

破读者意识的圈进用户意识的圈，看似只一张窗户纸隔着，捅破却没那么容易。

不必纠结概念，因为，你就是用户！做新媒体运营的时候，必须先把自己作为用户给摆进去。

而传统媒体人？舆论引导、引导舆论、宣传教育……搞习惯了，这个弯就不那么好转。

我蛮喜欢这句话：要宣先要传。

法国"黄马甲运动"时，法国人基本不看法国的电视一台、二台、三台，而是看"今日俄罗斯"。因为法国媒体秉承了政治正确，给了普京亲自关心的"今日俄罗斯"一个很好冲出来的机会。

总拿政治正确当幌子，就是把用户当傻子。

4. "不同"的错

一箩筐的话就跟大家分享上面三个概念，涉嫌简单和草率。

如我之流的传统媒体人在"不同"上会错哪？

我的感觉是往往笃信内容为王，就如有好稿子还愁版面？一样的。

新媒体还真不是，酒香也怕巷子罩得很多人一脸愁眉。

主因是，新媒体时代，内容不再像传统媒体时代具有稀缺性和独占性，不是非你莫属，不是所有的好内容都可以有出头之日。

好内容能不能冲出来，也不是三言两语能讲明白的，今天单说一条。那就是，如我之流的人往往对"互动"不怎么上心。

事实是，新媒体内容为王不能没有"互动"，不然，可以给你扣上假内容为王的大帽子。当然，不是说非得要有互动环节，内容本身具有互动性也是可以的。

互动可以催生与用户之间的情感、观点和态度连接等，由此就与用户产生强关联或者叫黏性。再打个简单的比方，同样的内容，一个给人感觉冷冰冰，孤芳自赏；一个给人感觉有温度、有态度、有诚意、有个性……你会喜欢谁？

同时，互动也是一个与用户相互提升的过程，更是个相互懂得的过程。一句"我懂你"才会娶你嫁你，内容价值就实现了，而疏于互动的你，很可能就会陷入尬聊，孤芳自赏和黯然神伤。

虽然说好产品自带营销功能，但广告还是满天飞和无孔不入，这也说明好内容还是需要好营销的。

如此说来，"互动决定互联网内容价值"涉嫌夸大，但不无道理。如何设计好互动话题，如何激发大家参与，如何搭建好互动平台……好多事等着你去做！而且，这些事要事先想到，想好，每一个都不是易事，是精细活。

以一个非常小的互动为例。

朋友快递给你的礼物收到了，你该在微信里跟朋友如何小小互动一下？

"礼物收到，谢谢！"

"礼物收到，开心！"

哪个好？

相对于没有互动，你互动了，等于有了额外付出，付出就有回报。其实，传统媒体人不是不知道互动的重要，转战到新媒体领域后，感觉走丢了似的。

互动是一种经常被传统媒体人忽视的能力和应用。新媒体人很懂，由此说："传统媒体人这点都不懂，还有什么好傲娇的？"

做好互动，也是知易行难。

内容本身的互动性像是丹田气，靠内功和修为，而形式上的互动，有比没有一定强。一句话，与用户真正地互动起来吧，并坚持下去，见证奇迹的时候就到了。

互联网时代，在内容价值判断上可以说个个是人精，挑剔着哩！你比别人多做一点，就是积小胜为大胜，也是细节决定成败。

都是人精时，"笨"办法往往就是最好的办法。新媒体人和传统媒体人就不要互相瞧不上了，尤其是一起共事的。

互相挖坑和互相填坑哪个好？

跟李雪琴学写文案

2020-10-04

1. 嗨起来：风格不鲜明天下谁人能识君

如平地里冒出个令人忍俊不禁的尤物，李雪琴从脱口秀中脱颖而出，火了。除了记住她的很多梗，还对她身上特有的"抑郁劲"印象深刻。

她的"抑郁劲"是那种很丧很丧的"鬼"样子。

"抑郁"的李雪琴能火，苦逼的文案君们恨不得也去抑郁一回，然后"神经"一把，写出爆款文案。只是去抑郁不现实。

那些缺有趣灵魂的文案会不会缺的就是她那样"抑郁劲"人设？

人设就如好品牌，是门学问，也是一门好生意。

如果少一些鹦鹉学舌，怎样说得溜就怎么行文，创作前给自己一个较为鲜明的风格定位，是否就会拥有属于自己的风格，从而让大家先接受和爱上你的人设，再喜欢上你想要传达的东西？

抑郁学不来，但那种能够让人很嗨的抑郁劲鲜明人设，是可以的。

2. 快起来：开头不如化繁为简直奔主题

一旦想通想透了，放飞自己后，说话和行文就不会啰哩啰嗦，而是快言快语，单刀直入。从文案创作的角度，叫直奔主题。

李雪琴文案的开头就很直接："今天就说王建国""我是个网红""我是个独生子女"……很快就能抓住你。

如何开头这事，李雪琴是懂的。

每次看到她直奔主题，仿佛听见她内心在轻笑：这些人笨死了，连开头要简明扼要都不知道？我们铁岭人最大的幽默就是直奔主题。

也难怪李雪琴暗自偷笑，原来她是北大新闻的，如何开头，她是受过专业训练的啊！

开头啰哩啰嗦，尤其在互联网时代，谁有闲工夫往下看你的文案？好看的东西多了去了。

用李雪琴的话讲："第一眼没吸引我，你从此就失去了我，好多男人在等着跟你竞争我哩!"

直奔主题就是要让大家很快"明明白白我的心"，在互联网时代，也可以称之为天下武功唯快不破，要快点告诉别人你要讲什么，越简单越直接越好。

于是，很多会用题记的形式开头，吴晓波频道就是这样。

特朗普未能对美国民众的痛苦感同身受。——美国明尼苏达州女议员(特朗普染上新冠肺炎)

只要有足够定力，中国或将在贸易摩擦拉锯战中获胜。（特斯拉让美国政府还钱）

家庭是具有自发维持能力的最小社会。——康德（中秋团圆饭）

时间是不能买到的，它无法成为和上帝对赌的筹码，更不能得到无尽的供应。——克雷格·萨格（恒大事件）

对于年轻人口的加入，经济属性的上海远比政治属性的北京更迫切。（上海抢人）

新节俭主义，本质上是花钱购买时间与效率。（新中产）

每一项科技创新和创业项目，都必须要考虑市场的应用能力和消费者需求。而这之中，存在着一个微妙而危险的"李开复陷阱"。（李开复陷阱）

对于中国几代人来说，女排都是难舍的情结。（夺冠）

不管你已经是新中产、想成为新中产，还是做新中产生意的人，你都应该看看《2020 新中产白皮书》。（《2020 新中产白皮书》）

当事人各执一词，是谓罗生门。（TikTok 交易）

其实，从新闻写作的角度，就是导语写作要求使然。

3. 动起来：想尽办法让文字与"观众"互动

用李雪琴的口吻说，没有互动，你的脱口秀就"死"了。

有没有互动性，文字会有很大的不同。首先是人们常说的文字要有画面感，多用"动词+名词"和学会比喻是提升画面感的法宝。

其次，眼里有观众，自然会讲大白话。不能让"观众"看起来费劲不是？然后，要站在"观众"角度说话，此时，一句"你会怎么想"就相当重要。

"横看成岭侧成峰，角度一变，也有性感的平胸。"就是这个道理。最后，行文时，你就不会总是"我说、我认为"，而是"你认为，我也……"就有了共鸣、共情和共识。

如果你总是一副专家做派那就是作死。一句话，眼中有"观众"，你的文字自然就"动"了起来。

文字互动，"牛弹琴"炉火纯青。

他每每将国际时事与中国、中国人联系起来讲，首先，标题跟"我们每个人的时间"对应起来，比如"这个国庆假期……""国庆长假第一天……""中国人马上过节……""一觉醒来……""这一天……"等，就是"时间"上的互动。时间，本就是新闻要素之一。

其次，文字都是大白话。比如《这个国庆假期，世界必须警惕的三只黑天鹅!》的结尾：这个世界不太平，尤其是 2020 年。中国，走到这一步太不容易，千万别松劲骄傲啊!

让人很是熨帖的大白话时不时蹦出来一下，给人感觉他是在跟你唠嗑。唠嗑，你一言我一语，很有互动效果。

没有互动，脱口秀会死，没有互动的文案也显得死板。

4. 放轻松：幽默不是靠硬憋就能憋出个响屁的

都说李雪琴的幽默是天赋异禀。李雪琴说："哪有什么天赋，我现在只剩下一个饼了。"这句话靠硬编是编不来的，肯定是她内心最真实的声音，不然，不会有言为心声这一说。

当大家叽叽喳喳展示自己的幽默时，角落里悠悠吐出的那一句很可能语惊四座，幽默得不要不要的，人们将这种人戏谑为闷骚。幽默一定不是重压之下的产物，而是在放松状态下的汩汩流淌，角落里冒出的"骚气"就是在大家都忙着幽默时，在极其放松状态下吐出来的。

所以，写文案也好，讲脱口秀也好，"放轻松"是首要，靠憋很难憋出一个响屁来。干文案的就得逼着自己爱上文案这活，不能上班如上坟。

有人说李雪琴的轻松是装出来的，是故意放低姿态，其实不然。

比如她总喜欢自嘲，而善于和敢于自嘲的人多半有一种很轻松的状态。

用"玩"的心态写文案，可以见证奇迹。

"玩"文案时，没有灵感就不要动笔，灵感来了就立即动笔，信马由缰地把第一灵感和第一冲动先给鼓捣出来。当然，第一稿肯定是粗糙的，得不断地再加工。

传统媒体时代，一篇稿子得经几个人的手才能出炉，新媒体时代，尤其是自媒体人，很多人往往是孤军作战。两种搞法：先给朋友看，有时，一句话可以点醒梦中人，多请几个人出主意，三个臭皮匠就赛过诸葛亮了，然后就得自己修改，改着改着，可能还会推倒重来哟！

归总一句话，好文案是改出来的。

5. 讲故事：将道理融进一个个故事里

让脱口秀深刻起来有点勉为其难。但是，如果单纯为搞笑而搞笑，就会"没多大意思"。

李雪琴是很搞笑，但不是完全"没道理"，只是将道理藏进故事里。故事讲完了，道理就入脑入心了。

道理多半比较干巴、抽象难懂，有些道理像是喝苦中药，难以进口，这就要求将道理生活化，情景化，细节化，融进血液，影响和滋养你。就如为避免直接吃难以消化的食物，先将食物进行加工，并配上一些作料，好吃还好吸收。

文案高手都是讲故事的高手，创作文案时不妨先想着怎样讲好一个故事。

欲说当年好困惑——给互联网原住民的你们

文管专业两个班的同学好！

你们的"三个标题"收悉，总体印象是，多数同学的标题老气横秋，比老师的年龄还老，给人未老先衰之感，令人顿足；有些同学的标题就很有新媒体范，而且还不"标题党"，青春逼人，妙不可言，着实惊艳到我了。

老气横秋指的是很多同学还在用传统媒体思维来制作标题。你们或精心或敷衍制作的标题有一个共同特点，那就是像一杯白开水，一看标题，就基本知道文中所要表达的内容，让人提不起兴趣点击，奢谈穿越"折叠"。

造成如此局面的原因无外乎两个：一、即使你们是互联网原住民，传统媒体思维依然根深蒂固啊！二、课堂上跟大家分享标题制作的悬念感，不知道是大家不认同，还是我讲得云遮雾罩？此时，老师我呜呼得不要不要的，很是自责。

令人欣慰的是，以下摘录出来的几个标题，个个很是符合多维度用事实说话激发悬念的制作方法，且很具创新和创意。

它们是：《黄梅惊现"硫"量明星!》《日赚八万！这财你敢发吗?》《享受低价 惊天代价》《中石化中石油看了"黄梅石化"都摇头》《这样加油便宜百分之三十》《日赚八万元的秘密》《"反正是老板的车"》《信了你的邪！还敢

开张》《污染翻 60 倍，只为省这一毛七》。

这些标题的共性特征是不是做到了注重以事实说话激发悬念？

文无第一，武无第二。

标题制作肯定也是没有最好只有更好，但这些标题至少在我看来"很专业了"。

老师也跟大家分享过我在新媒体江湖裸泳时的悲惨经历。那段时间制作标题的关键词可谓非"欲说当年好困惑"莫属了，大家此时估计也得"欲说当年好困惑"了。

不比不知道。

同学们，把自己制作的标题和这些标题好好比较一下吧，再结合课堂上分享的，相信，或多或少能够从中悟出一些标题制作的方法和道理。

由于传播生态的改变，新媒体标题制作与传统媒体标题制作有了大不同，相信认真听课的同学是知道的，在此就不再赘述了，解放思想要有思想哈，不能遇到理论就头疼啊。

一旦年轻时就能很快走出制作标题的"当年困惑"，走上工作岗位后，定会惊艳绽放，来一个鹤立鸡群哟！

这，是句大实话。

2022 年 4 月 17 日周末

后记
致歉女闺蜜

第一次写书的过程犹如在黑夜里摸索，一直忐忑，生怕熬出来的文字成为垃圾。

2022 年暑假，在刹不住车的写书日子里，内心一直惶恐，不过，从未想过放弃，心想，即使最后无法交印出版，就权当重新备课。

虽然写这本书的过程伴随时不时的"人间不值得"，不想把自己逼得太狠，偶想放弃，但，总算是坚持下来了。

冲抵内心不自信的就是天道酬勤，总在想，上天应该不会辜负我的热情、努力和几十年的人生阅历，说不定像本书的样子？

如今，交印出版了，不敢回望。

原因很简单。

作为爬了几十年格子的编辑，重新面对自己的文字一定不是自己的孩子自己觉得俊，而是没完没了的遗憾。总跟自己说，如果再给点时间应该会更好，甚至有可能推倒重来。

按常理，后记的主要功能应是"致谢"，我想说的却是"致歉"。

首先，致歉我的夫人和我的女闺蜜，女闺蜜是夫人的同事。

一次和这位朋友出去吃饭，她向大家介绍我时，稍加犹疑后说"这是我的男闺蜜"，在场的人都笑了，不过，这句突然蹦出的话居然毫无违和感，还成了酒桌上的谈资。

她俩接纳了我在写作这本书时的所有坏情绪，帮我处理了不知道多少琐事，这些琐事之于我就是"该死的事"，这些"该死的事"会极大地影响写作心情和打断思路。

其次，向看过这本书的你们致歉。

虽然写这本书已经使出了我的洪荒之力，但客观来说，我依然是"人微言轻"的，这，是事实。本该评职称的时候根本不当一回事，现在想起来，很荒诞。我也在朋友圈中发出了下面这段话。

今天早上才真正定义为"是个笑话"：

2004 年的一天早上：小岑，今年把副高评了呗！

我表面应允，最终没理会。因为一来武汉，我的毕业证等相关证件都被小偷给"没收"了。

评职称不是要花很多时间去补齐证件？烦！

因为怕麻烦，从此，每年，一旦涉及评职称都绕着走。

实话说，这跟当时觉得职称没啥意义也有直接关系。

多年后才发现，职称与工资挂钩了后，也只好跟自己说句"算了"。

人到中年后，转到高校教书这个频道。

职称就开始变成很要命的重要。

50 多岁的人跟 30 多岁的老师干同样的活，拿同样的钱。多多少少偶尔会有"人间不值得"的一声叹息。

不过，我还不至于"很是想不通"。

因为，我知道不能怨天尤人，而是要在自身方面找原因。谁让你年轻时如此幼稚？

虽然，好好教书也是有成就感和满足感的，也很可以"乐而忘忧"啥的，但不得不承认职称这根刺偶尔也会影响到心情。

于是便告诫自己稳住，要难得糊涂！别影响工作，更要投入工作并乐在其中，找到幸福和快乐感，冲抵失落感。

难得糊涂，难！就倒逼自己努力做到"人间清醒"：年轻时怕麻烦，年老时有麻烦。

这就是今早断言我的职称故事是个笑话的心路历程。

既然是个笑话，从此一笑而过。

任何事情都有其两面性。

因为在媒体工作时懒得评职称，走上教师岗位后就得逼自己一把，从零开始，于是，到了这个年纪，就多了一份学习和思考的动力。

这，也是一件幸事。

还要向给了我中年下岗再就业机会的武汉传媒学院致歉，因为，我写这本书的身份是武汉传媒学院教师，如果这本书让武汉传媒学院的招牌蒙尘，我是真的会非常过意不去。

最后，要向我带过的往届学生真诚地致歉。

你们，在我被赶鸭子上架的时候匆匆遇见。

因为仓促，难免稚嫩，难免不成体系，让你们跟我在一起的时间缺失了太多的价值感和获得感。

作为老师，本不该就是一句"致歉"可以了的事，但，除了致歉，似乎又找不到更好的办法，只能在今后的从教时光里，秉承"学生好才是真的好"原则，拼命地自我救赎了。